Informe del Desarrollo de la Enseñanza Internacional del Idioma Chino

2019–2020

Editor en jefe: Liu Li
Editora adjunta: Chen Lixia

Prefacio

El idioma es una herramienta importante para la comunicación humana, de igual manera que el intercambio y la cooperación lingüísticos constituyen una necesidad objetiva para el desarrollo y el progreso común de la sociedad. El presente informe ofrece un resumen de la evolución de los componentes básicos de la enseñanza internacional del idioma chino, entre los que se destacan: las investigaciones realizadas en este ámbito, la formación docente, la elaboración de materiales de enseñanza, los exámenes oficiales de idioma chino HSK y los Institutos Confucio. Se incluye también un apartado destinado a la presentación del desarrollo de la enseñanza internacional del idioma chino en determinadas regiones y, además, como cuestión específica de debate para el periodo de 2019–2020, se aborda la enseñanza y adquisición del idioma chino como segunda lengua.

I. Fundamentos del informe

El informe muestra todos los aspectos de la enseñanza internacional del idioma chino y se fundamenta en la confianza y las reflexiones propias acerca de esta temática. Se presenta y evalúa el desarrollo de la enseñanza internacional del idioma chino desde una perspectiva científica y objetiva. Además, se resumen los principales logros y desafíos que han servido de referencias para establecer el enfoque y la dirección de trabajo con vistas a la transformación, la mejora y al desarrollo de una enseñanza internacional del idioma chino con elevados estándares de calidad.

II. Importancia del informe

El presente documento aborda la nueva coyuntura del desarrollo de la enseñanza internacional del idioma chino en el periodo de 2019–2020, y se centra en el tema de la creación de un nuevo modelo de enseñanza del idioma chino como lengua extranjera. En el informe se exponen las necesidades reales de transformación y mejora de la enseñanza del chino a nivel internacional, además, se presenta su historia de desarrollo, los logros alcanzados y las tendencias futuras.

La publicación del presente informe permitirá que tanto China como el resto de los países tengan un conocimiento global sobre el desarrollo de la enseñanza internacional del idioma chino. De igual forma, promoverá la investigación y la práctica de esta enseñanza, además, facilitará la comprensión científica y la evaluación objetiva de los resultados alcanzados después de la reforma. El uso de un informe anual para impulsar la investigación es una necesidad inherente al desarrollo de la enseñanza internacional del idioma chino y constituye un hito en su evolución y perfeccionamiento.

III. Características del informe

El informe se sustenta en la práctica real de la enseñanza del idioma chino como lengua extranjera y reúne los conocimientos aportados por especialistas nacionales y extranjeros. Las características fundamentales son:

1. Reflejar la tendencia del desarrollo

El informe se esfuerza por mostrar con precisión el panorama actual de desarrollo y la situación general de la enseñanza internacional del idioma chino, también presenta de manera objetiva los resultados de las investigaciones, las dificultades que aún deben afrontarse y propone una serie de recomendaciones y sugerencias prácticas relacionadas con el tema.

2. Destacar sobre la concienciación del problema

El informe responde activamente a las diversas preocupaciones de la comunidad nacional e internacional acerca de la enseñanza internacional del idioma chino, y ofrece soluciones y referencias para los planteamientos de mayor relevancia manifestados por los docentes y el personal vinculado a este sector. Desde una perspectiva multidimensional explica de forma global los principales logros del desarrollo de la enseñanza internacional del idioma chino en el periodo de 2019–2020, refleja de manera sistemática los avances y los principales resultados en este ámbito y ofrece comentarios al respecto.

3. Analizar y valorar de manera científica

El desarrollo sostenible de la enseñanza internacional del idioma chino sería prácticamente imposible sin el apoyo de los fundamentos teóricos. El informe presenta los últimos avances y también ofrece un análisis detallado de cuestiones como el profesorado, los materiales y los métodos de enseñanza. Además, describe la experiencia y los elementos inspiradores dentro del desarrollo de este ámbito, sin dejar a un lado el análisis y la valoración del entorno, los retos a los que se enfrenta el sector en esta nueva época y las tendencias futuras de desarrollo. La enseñanza internacional del idioma chino tiene rasgos distintivos y características en cuanto al entorno interno y externo, los grupos interesados y el sistema de conocimientos que la diferencian de otras disciplinas, por lo tanto, requiere una atención especial. En los últimos años, la creciente madurez de esta disciplina ha promovido el desarrollo de la especialidad de Enseñanza Internacional del Idioma Chino, sin embargo, quedan muchas cuestiones teóricas y prácticas por resolver.

4. Reunir a especialistas internacionales

El informe se elaboró por un equipo multinacional de autores, que estuvo conformado por expertos y académicos de China con una amplia trayectoria en la investigación de la enseñanza del idioma chino como lengua extranjera y también por reconocidos académicos y sinólogos provenientes de otros países. Su objetivo fundamental es fomentar el diálogo con la comunidad educativa internacional, por este motivo, además de publicarse en idioma chino, también se publicará en inglés, francés, español, árabe y ruso, entre otros idiomas.

El *Informe del Desarrollo de la Enseñanza Internacional del Idioma Chino 2019–2020* pretende desempeñar un papel activo en la promoción del aprendizaje mutuo y la apreciación de las diversas civilizaciones del mundo, así como en el fomento del desarrollo sostenible y de gran calidad de la enseñanza internacional del idioma chino, de los intercambios lingüísticos, culturales y de la cooperación entre China y el resto del mundo. En torno al informe, se presta especial atención a la sinergia de la plataforma profesional para la investigación, el desarrollo y la innovación de la enseñanza del idioma chino como lengua extranjera, además, se participa de manera activa en la creación de una plataforma de macrodatos. A través de este informe anual se espera contribuir al perfeccionamiento y la formación de un sistema de enseñanza internacional del idioma chino más abierto, inclusivo y normalizado.

Índice

I Informe general

Enseñanza internacional del idioma chino: historia, situación actual y perspectivas

En este capítulo se presenta un análisis tridimensional con un enfoque espacial y temporal del desarrollo global de la enseñanza del idioma chino como lengua extranjera, en el cual se establece la enseñanza internacional del idioma chino en el año 2019 como eje horizontal y la revisión de la trayectoria de la evolución y las perspectivas futuras como ejes verticales.

I. Historia del desarrollo

En el contexto de la comunicación, si bien los idiomas son el puente, la educación lingüística sirve como guía para lograr un diálogo humano eficaz. Durante los 70 años transcurridos desde la fundación de la República Popular China, siempre se ha prestado atención a la enseñanza internacional del idioma chino, en especial a la enseñanza y el aprendizaje de la lengua, lo que ha permitido el posicionamiento y la dirección clara de esta disciplina desde sus inicios. En el año 1950, con la creación del aula especializada de Filología China para estudiantes de intercambio de Europa del Este en la Universidad de Tsinghua, se inició la enseñanza internacional del idioma chino en la nueva República Popular China. Este programa, dirigido por el conocido físico chino Zhou Peiyuan, fue posiblemente el primer intento de estructurar la enseñanza internacional del idioma chino en la nueva China. El manual que se utilizó fue una versión adaptada de *Introducción a la lengua china* del autor Zhao Yuanren. Desde entonces, se ha transitado por diferentes etapas entre las que cabe destacar, el inicio del curso de Lengua China para estudiantes extranjeros de la Universidad de Beijing, la apertura de la Oficina de estudiantes extranjeros del Instituto de Lenguas Extranjeras de Beijing (actual Universidad de Lenguas Extranjeras de Beijing), la creación del Centro de Preparación de Estudios Superiores para Estudiantes Extranjeros y, finalmente, en el año 1964 la inauguración del Instituto de Idiomas de Beijing (actual Universidad de Lengua y Cultura de Beijing).

En 1952, la nueva República Popular China envió a Zhu Dexi como primer profesor representante del país para enseñar el idioma chino en el extranjero y en el año 1961, fue conformada la primera bolsa de profesores del chino para extranjeros con 25 candidatos recién graduados de la carrera de licenciatura en Lengua China seleccionados en 10 universidades chinas. Se puede afirmar que la enseñanza internacional del idioma chino en las décadas de los años 50 y 60 del siglo pasado comenzó como una especialización, con altos niveles de exigencia en la selección del profesorado y de los materiales de enseñanza. La mayor parte de los profesores de idioma chino formados en aquellos años han llegado a ser lingüistas y especialistas reconocidos en la enseñanza de idiomas.

Después de la reforma y apertura de China, la enseñanza internacional del idioma chino comenzó un periodo de gran desarrollo con logros históricos en el crecimiento del sector, la fundación de la disciplina y la formación de nuevos especialistas. En el año 1978, Lv Bisong propuso por primera vez que la enseñanza del idioma chino para extranjeros recibiera la consideración de campo de estudio independiente, que se abrieran programas de formación del profesorado en los centros de enseñanza, y que se creara un instituto de investigación especializado. En 1983, se inauguró el Instituto de Investigación para la Enseñanza del Chino como Lengua Extranjera en la Sociedad de Educación de China, lo que marcó el inicio de la carrera de Didáctica del Chino para Extranjeros que desde ese mismo año comenzó a matricular a estudiantes de grado. En 1986, comenzó el máster oficial de la especialidad y en el año 1997, se introdujo el programa de doctorado en Lingüística y Lingüística Aplicada. En 1987 abrió sus puertas la Oficina del Consejo Internacional de Lengua China (Hanban) y se fundó la Asociación Mundial para la Enseñanza del Chino como Lengua Extranjera, que celebró su primera conferencia ese mismo año. En junio de 1990, la Comisión Estatal de Educación publicó las *Medidas de cualificación de profesores de chino como lengua extranjera.*

Tras incansables esfuerzos, la disciplina de la enseñanza internacional del idioma chino tiene cada vez más clara su posición y funciones. La formación de especialistas es mucho más profesional y personalizada, los resultados de la investigación académica de este ámbito se han vuelto más influyentes, y en general, la disciplina es cada vez más sistemática y completa. En sus inicios, la enseñanza internacional del idioma chino solo era una tarea didáctica, y luego, a partir de las décadas de los años 80 y 90 del siglo pasado comenzó a desarrollarse como un servicio educativo que también cobra forma como una disciplina científica.

Más tarde, en el siglo XXI, el crecimiento económico y la presencia de China a nivel mundial han despertado un notable interés por el idioma chino que alcanza cada vez más popularidad. Satisfacer la creciente demanda de estudiantes extranjeros que desean viajar a China para estudiar el idioma, es cada vez más difícil, por lo que se ha incrementado la necesidad de crear instituciones profesionales de enseñanza del idioma en los diferentes países. Desde 2004, bajo la dirección de Hanban se han ido creando Institutos Confucio en numerosos países, y hasta el diciembre de 2019, se registran un total de 550 Institutos Confucio y 1172 aulas distribuidas en 162 países y regiones de todo el mundo. En el año 2005 se celebró la Conferencia Mundial de la Lengua China, que marcó un hito en la transformación gradual de esta disciplina desde la Didáctica del Chino para Extranjeros hasta la Enseñanza Internacional del Idioma Chino. En 2011, el Ministerio de Educación de China publicó el *Catálogo de Títulos Académicos y Disciplinas de Formación profesional*, y la especialidad de la Didáctica del Chino para Extranjeros pasó a llamarse oficialmente Enseñanza Internacional del Idioma Chino, lo que propulsó la creación de programas de máster y doctorado relacionados con esta especialidad en varias universidades.

En el 2019, la Conferencia Internacional de Enseñanza del Idioma Chino que tuvo como lema "Innovación y desarrollo de la enseñanza internacional del idioma chino en los nuevos tiempos", marcó una nueva etapa en el desarrollo de la disciplina. En esta conferencia se planteó que para alcanzar el desarrollo, la transformación y la mejora, las acciones debían centrarse en la integración de la disciplina con enseñanza local, la adaptación a las necesidades de cada región, la promoción del programa de "Chino + Habilidades Profesionales", la mejora de los criterios de evaluación y la diversificación del personal dedicado a la enseñanza.

La historia del desarrollo de la enseñanza internacional de la lengua china puede resumirse en cuatro etapas fundamentales:

Surgimiento inicial (1950–1982): estuvo vinculado a la creación de la República Popular China, sin embargo, aún no se había establecido como disciplina.

Formación de la disciplina (1983–2004): la Didáctica del Chino para Extranjeros se convirtió en Enseñanza Internacional del Idioma Chino, una disciplina especializada que gradualmente formó su sistema teórico de enseñanza.

Exploración y desarrollo (2005–2018): como parte de la estrategia de *Go global*, los Institutos Confucio se fueron estableciendo en el extranjero. El cambio de la Didáctica del Chino para Extranjeros a la Enseñanza Internacional del Idioma Chino representó la transformación de una actividad en una disciplina científica.

Transformación y actualización (2019–presente): en la actualidad, ante la gran diversidad de la demanda de aprendizaje de la lengua china a nivel internacional y los numerosos retos a los que se enfrentan los Institutos Confucio, la enseñanza internacional del idioma chino sin dudas continuará mejorando su calidad y eficiencia, se adaptará activamente a la nueva situación y a los nuevos cambios y, además, explorará nuevas vías de desarrollo.

II. Desarrollo actual

El año 2019 ha sido un año extraordinario para la enseñanza internacional del idioma chino, en el que se ha trabajado de manera activa en varios ejes para transformar y mejorar continuamente esta disciplina. Además, se han obtenido resultados significativos en la normalización, la estandarización, la formación profesional, el intercambio y la cooperación, lo que han promovido de manera ininterrumpida el desarrollo e innovación de la enseñanza del idioma chino como servicio educativo y como disciplina. La construcción de la comunidad de destino de la humanidad y el auge de la Franja y la Ruta, han incrementado la demanda de personal profesional con dominio del idioma chino y conocimientos de tecnología, por lo cual, se han comenzado a valorar la aplicación del modelo de enseñanza de "Chino + Habilidades Profesionales", y el desarrollo de las competencias comunicativas generales del idioma.

1. Estandarización y normalización

Durante el año 2019, la estandarización y normalización de la enseñanza internacional del idioma chino y de los Institutos Confucio se mantuvo en un proceso de mejora continua, cuyos resultados se muestran por las siguientes actividades:

(1) En la Universidad de Academia de Ciencias de China con sede en Beijing, se celebró una reunión para conocer las opiniones sobre el *Reglamento de exámenes del idioma chino*, a la que asistieron entre otros, 38 directores de centros examinadores destacados dentro y fuera del país.

(2) Se autorizó el proyecto de revisión del *Estándar internacional para profesores de chino* y del estudio sobre los niveles de competencias.

(3) Como resultado de una amplia consulta se formularon las *Normas de funcionamiento del Instituto Confucio* y el *Sistema de índices para la evaluación de la calidad del Instituto Confucio*.

2. Institucionalización

Hasta diciembre de 2019, se han establecido 550 Institutos Confucio y 1172 Aulas Confucio en escuelas primarias y secundarias de 162 países y regiones, incluyendo 27 nuevos Institutos Confucio y 66 Aulas Confucio establecidos en el año 2019. A nivel mundial sobrepasan 150 millones los estudiantes del idioma chino, y el "círculo de amigos" de la enseñanza de este idioma es cada vez mayor.

3. Formación de personal profesional

Para finales de 2019, la dirección general del Instituto Confucio había enviado 3633 profesores a 155 países y reginoes, de los cuales 3006 fueron asignados a 416 Institutos Confucio y 66 Aulas Confucio de 152 países y regiones, los restantes 627 profesores fueron mandados a las universidades y escuelas extranjeras (no Institutos Confucio).

La dirección general del Instituto Confucio, además, apoyó a 17 universidades extranjeras de 12 países para crear un modelo de grado de formación del profesorado de idioma chino. Un total de 6930 docentes fueron capacitados en siete países del sur de Asia, de los cuales 74 se formaron en China. El Instituto Confucio también empleó a 219 profesores locales de 43 países y 36 profesores de la sede del Instituto Confucio de China, fueron contratados por 35 Institutos Confucio distribuidos en 16 países.

En 2019, se admitieron un total de 6012 estudiantes de máster oficial en las 148 instituciones de educación superior de China con autorización para ofrecer programas de Enseñanza Internacional del Idioma Chino, así como 59 doctorandos fueron admitidos en 19 instituciones autorizadas para ofrecer programas de doctorado. Hasta el momento se registra un acumulado de 1269 personas que han obtenido el grado de licenciatura para ser profesores de idioma chino.

Este mismo año, más de 14 mil personas solicitaron unirse al programa de voluntariado para enseñar el idioma, de los cuales se seleccionaron 6389 voluntarios para enviar a 140 países y regiones.

4. Intercambios académicos

En enero de 2019, la revista *Chinese Teaching in the World* acogió el Seminario sobre las Características y la Construcción Sistemática de la Enseñanza Internacional del Idioma Chino.

En mayo, en la Universidad de Estudios Extranjeros de Beijing, se celebró el 2.º Seminario Internacional de Formación y Desarrollo del Profesorado de Idioma Chino y de Enseñanza Digital del Idioma Chino.

En el mes de junio, la editorial de la Universidad de Lengua y Cultura de Beijing organizó el Seminario sobre Métodos de Enseñanza Internacional del Idioma Chino basados en Casos y Modelos de Enseñanza, mientras en ese mismo mes la editorial de *Chinese Teaching in the World* y la Universidad de Qingdao celebraron el Seminario Académico sobre la Enseñanza del Idioma Chino en los Nuevos Tiempos.

En julio, con el apoyo del Programa de Nuevos Estudios de Idioma Chino del Instituto Confucio, se celebró en la Universidad de Cambridge (Reino Unido), la Conferencia Internacional sobre la Adquisición del Idioma Chino en Contextos Bilingües y Multilingües.

En agosto, la Asociación Mundial para la Enseñanza del Idioma Chino como Lengua Extranjera organizó el Taller Avanzado sobre Enseñanza e Investigación en la Educación Internacional del Idioma Chino.

En septiembre, la revista de *Enseñanza e Investigación de Idiomas* en su 40.º aniversario acogió el Foro de la Enseñanza e Investigación de Idiomas de vanguardia.

En octubre, el Instituto de Enseñanza Internacional del Idioma Chino de la Universidad de Lengua y Cultura de Beijing junto a otras instituciones, organizó el 16.º Simposio Internacional sobre el Idioma Chino como Lengua Extranjera, que a la vez fue el 4.º Simposio Internacional sobre la Educación a Distancia y la Difusión del Chino como Lengua Extranjera.

En noviembre, El Comité Directivo Nacional de la Educación de Posgrado de la Enseñanza Internacional del Idioma Chino patrocinó el 1.er Foro Nacional de Alto Nivel sobre la Formación de Personal Profesional para el Doctorado en Educación Internacional del Idioma Chino.

En diciembre de 2019, tuvo lugar en Changsha la Conferencia sobre la Enseñanza Internacional del Idioma Chino, cuya temática es la "Innovación y desarrollo de la enseñanza internacional del idioma chino en una nueva era", a la cual asistieron más de 1000 representantes de los Institutos Confucio e instituciones de enseñanza de la lengua china de más de 160 países y regiones.

5. Cooperación internacional

Hasta noviembre de 2019, un total de 69 países y regiones de todo el mundo han incorporado la enseñanza del idioma chino a sus sistemas educativos nacionales mediante la promulgación de leyes, decretos gubernamentales, planes de estudio y esquemas de cursos. En países africanos como Sudáfrica, Mauricio, Tanzania, Camerún, Zambia y países del sudeste asiático como Tailandia y Malasia a través de la aplicación de políticas y reglamentos, han formado un sistema completo de enseñanza del idioma chino que va desde la educación preescolar, transita por la educación básica, la formación profesional, y culmina en la educación superior. En Estados Unidos, Canadá, Japón, Corea del Sur, Australia y Rusia han incluido el chino como una de las asignaturas de lengua extranjera en los exámenes de acceso a la universidad.

En junio y julio de 2019, la dirección general del Instituto Confucio firmó acuerdos de cooperación con la Universidad Estatal de Lenguas y Ciencias Sociales de Ereván Bryusov, en Armenia, y con la Universidad de Artois, en Francia, respectivamente. En septiembre, también acordó con la Universidad de Estudios Extranjeros de Pionyang, en Corea del Norte, la construcción de un centro de idioma chino. Además, realizó convenios en abril y julio con Portugal y Emiratos Árabes Unidos respectivamente, para la integración del chino en el sistema de enseñanza primaria y secundaria de ambos países. En noviembre, brindó asistencia en el desarrollo del Programa de Estudios de Idioma Chino en Bélgica. En febrero, la Asociación Mundial para la Enseñanza del Idioma Chino como Lengua Extranjera apoyó el registro oficial de la Asociación de Profesores de Idioma Chino en Sudáfrica y en abril, acogió a la Sociedad para el Estudio del Idioma Chino como Segunda Lengua en Estados Unidos como entidad miembro.

III. Perspectivas de desarrollo

En la Conferencia Internacional sobre la Enseñanza del Idioma Chino del 2019, el viceprimer ministro Sun Chunlan planteó tres principios para el desarrollo de esta disciplina.

(1) Centrarse en la industria principal de la enseñanza de la lengua, integrarse activamente con la comunidad local, crear cursos especiales que satisfagan las necesidades locales y promover activamente el programa de "Chino + Habilidades Profesionales".

(2) Mejorar y promover las normas de evaluación, elevar la calidad de la enseñanza y el aprendizaje, y desarrollar planes de estudio y materiales didácticos que se adecuen a las condiciones locales.

(3) Adaptarse al funcionamiento de las operaciones orientadas al mercado de la enseñanza de acuerdo a la práctica internacional de difusión de idiomas. Apoyar a las universidades chinas y extranjeras, a las empresas y a las organizaciones sociales en la creación de fundaciones privadas internacionales de bienestar público. Establecer amplios vínculos con los centros educativos y culturales, los medios de comunicación y los grupos de expertos. Además, promover la diversificación de agentes en este sector.

El ministro de Educación, Chen Baosheng, también propuso seis nuevas iniciativas para apoyar el desarrollo sostenible y de altos estándares de calidad de la enseñanza internacional del idioma chino.

(1) Mejorar y optimizar el sistema de disciplinas de grado, máster y doctorado de la enseñanza internacional del idioma chino, apoyar a las universidades chinas para establecer de forma independiente los títulos de doctorado profesional y aumentar significativamente la cantidad de plazas.

(2) Ayudar a las universidades chinas en la creación de facultades de formación del profesorado para la enseñanza internacional del idioma chino, y cooperar con las universidades extranjeras en el desarrollo del grado académico de Profesorado de Idioma Chino, para formar personas de la carrera y para la formación profesionalizada.

(3) Formular políticas para mejorar las condiciones de trabajo de los profesores y voluntarios enviados desde China para impartir clases de idioma chino en el extranjero, y fomentar la selección y empleo del profesorado local en los Institutos Confucio.

(4) Apoyar a los especialistas chinos y extranjeros para la elaboración conjunta de materiales didácticos de calidad y la edición de materiales de enseñanza que sean

universales y se adapten a los contextos locales. Reforzar la creación de recursos digitales, mejorar los Institutos Confucio en línea y crear plataformas globales de aprendizaje del idioma.

(5) Perfeccionar la estandarización y normalización de la enseñanza internacional del idioma chino con el fin de reforzar la evaluación y el control de la calidad. Establecer los resultados de los exámenes oficiales de idioma chino HSK como criterio de selección fundamental para que los estudiantes extranjeros puedan realizar estudios en China.

(6) Propiciar y desarrollar la participación de todo tipo de escuelas, empresas, organizaciones sociales y privadas en China y en el extranjero. Incentivar a las universidades chinas y extranjeras para que tengan una mayor participación en la construcción de los Institutos Confucio y en la promoción de la enseñanza internacional del idioma chino, y mejoren el funcionamiento de los centros de enseñanza a través de la creación conjunta de fundaciones.

La enseñanza internacional del idioma chino tiene un largo camino por recorrer. Los cambios constantes en el entorno internacional, la concienciación acerca de la comunidad de destino de la humanidad y el desarrollo de la Franja y la Ruta hacen que sean imprescindibles la actualización sistemática, la adaptación de la enseñanza del idioma a la realidad actual y la innovación continua de la especialidad y de la disciplina.

El desarrollo de la disciplina y la formación de personal profesional, se apoyará principalmente en la construcción y el fortalecimiento de los "Cinco Sistemas":

(1) Sistema integrado de formación del profesorado que incluya la formación de grado, de máster y de doctorado. Se plantea explorar nuevos modelos académicos, con una división clara y formación coherente, a fin de proporcionar una vía adecuada para que los estudiantes destacados continúen su formación.

(2) Sistema de formación del profesorado categorizado y diversificado. Se realizará una preparación docente diferenciada para universidades extranjeras o nacionales y escuelas internacionales, se formarán a gestores educativos y desarrolladores de recursos para los Institutos Confucio y para los Programas de Idioma Chino dentro y fuera de China, además, se preparará a especialistas en formación de profesores para las

disciplinas y carreras profesionales.

(3) Sistema integral entre formación académica y profesional del profesorado de idioma chino.

(4) Sistema de formación del profesorado local orientado a los estudiantes y formación de personal y gestores de educación competentes para las instituciones de enseñanza del idioma chino en el extranjero.

(5) Sistema de criterios y de evaluación para el profesorado. La preparación de los docentes de idioma chino requerirá tanto de la formación del profesorado como de la aplicación de sistemas eficaces para la evaluación de su desempeño.

(Autor: Liu Li, Universidad de Lengua y Cultura de Beijing)

Informe sobre el estado de las investigaciones en la enseñanza internacional del idioma chino

La enseñanza internacional del idioma chino es un ámbito de la educación y la didáctica con características propias. Cada etapa de su desarrollo ha estado estrechamente relacionada con la necesidad de intercambios entre China y el extranjero, y con la apreciación mutua de las civilizaciones. Durante su evolución, también ha presentado elementos distintivos de la disciplina.

Desde el punto de vista de la investigación académica, además de su carácter contemporáneo, en términos del entorno interno y externo, los grupos interesados y los sistemas de conocimiento, este campo ha mostrado características que no poseen las disciplinas generales. La construcción de la disciplina, la investigación académica y el desarrollo profesional de la enseñanza internacional del idioma chino han sido continuos en los últimos años, no obstante, se debe dar solución a algunos problemas inminentes que afectan su desarrollo a nivel internacional.

I. Temas de interés en los últimos años

De manera general, en los últimos años, los temas de investigación acerca de la enseñanza internacional del idioma chino se han enfocado en un grupo de aspectos consensuados y otros todavía controvertidos.

1. Relación entre la disciplina y la tarea

La enseñanza internacional del idioma chino se considera una tarea, una disciplina y una especialidad profesional. Por esta razón, la relación entre la enseñanza del chino como disciplina y como tarea siempre ha sido una cuestión fundamental para definir.

En sus inicios la enseñanza del chino surgió como misión para solucionar la necesidad de los estudiantes extranjeros que viajaban a China para estudiar el idioma y a lo largo de su desarrollo como disciplina ha alcanzado logros sobresalientes. En ese tiempo, esta tarea se enfocó principalmente en China, por lo que la relación entre la disciplina y el servicio no era una cuestión muy relevante. A principios del presente siglo, la enseñanza del idioma chino alcanzó una expansión internacional con un desarrollo sin precedentes en el extranjero. Sin embargo, la consolidación de las disciplinas relacionadas no fue simultánea, por consiguiente, el desequilibrio entre la enseñanza como servicio y como disciplina se volvió más notable, incluso se llegó a adoptar por completo como un servicio.

Durante los últimos años, la comunidad académica ha empezado a debatir acerca de esta polémica, que resulta fundamental para la supervivencia y el desarrollo de la disciplina. Se aprecia una tendencia cada vez más mayor a otorgar igual significación al desarrollo disciplinario y sectorial de la enseñanza del idioma chino.

2. Naturaleza y configuración de la disciplina

A lo largo de estos años la clasificación de la disciplina de la enseñanza internacional del idioma chino como parte de la lengua y la literatura chinas, de la pedagogía o como disciplina interdisciplinaria emergente, ha sido un tema controversial. En la actualidad, el grado de Educación Internacional del Idioma Chino se enmarca en la categoría de literatura que pertenece a la disciplina de primer nivel de lengua y literatura chinas y, por el contrario, el máster está establecido dentro de la disciplina de primer nivel de pedagogía. La definición poco clara de la disciplina ha generado numerosos debates en torno al establecimiento de las facultades, la especialidad, el plan de estudios y los objetivos de formación.

En estos momentos, la filiación disciplinar despierta el interés de la comunidad lingüística, sin embargo, no logra captar la atención de la de estudios pedagógicos. Al observar el contenido docente y pedagógico de la disciplina, se aprecia que la parte docente se centra mayoritariamente en la lengua, la lingüística y las disciplinas afines, mientras que los temas relacionados con la educación y pedagogía se ofrecen exclusivamente como cursos de apoyo, por lo que sería razonable considerar la enseñanza internacional del idioma chino como parte de la lingüística.

3. Funciones básicas de la enseñanza internacional del idioma chino

Es indudable el papel de los idiomas en la difusión cultural y la estrecha relación entre la enseñanza de idiomas, la lengua y la cultura. Las opiniones sobre la función básica de la enseñanza internacional del idioma chino difieren acerca de su fundamento en la educación y la enseñanza del idioma, o en la promoción y difusión de la cultura.

En los últimos años, se ha reconocido la importancia de volver a la esencia y tomar como eje central la enseñanza del idioma, la escritura y otras estrategias propias de la enseñanza de idiomas. En el campo de la investigación de la enseñanza internacional del idioma chino, se han planteado nuevas propuestas tales como: reflejar las características culturales chinas en el proceso de enseñanza, y contribuir de manera novedosa en la construcción de la comunidad del destino de la humanidad.

4. Sistema de conocimientos de la disciplina

La construcción de un sistema de conocimiento disciplinario es fundamental para determinar el nivel científico de la enseñanza internacional del idioma chino, tanto si se trata de una disciplina independiente o como de una interdisciplina emergente. Los tres factores que señala la comunidad académica como imprescindibles para el sistema de conocimientos de la disciplina son:

(1) Las teorías básicas que fundamentan la disciplina: las disciplinas básicas que apoyan el desarrollo de la enseñanza internacional del idioma chino, por ejemplo, la lingüística, la pedagogía y la psicología.

(2) El sistema teórico propio de la disciplina: el conocimiento de la lingüística china, el sociocultural para la enseñanza internacional del idioma chino, las teorías de la adquisición y la enseñanza del idioma chino como segunda lengua y los métodos básicos de investigación de las disciplinas relacionadas.

(3) La investigación aplicada a la construcción de la disciplina: la aplicación de las teorías de la disciplina para llevar a cabo una investigación específica acerca del diseño general, la gestión educativa, la formación docente, la investigación y el desarrollo de los manuales, la enseñanza en el aula, los exámenes, así como la evaluación, la creación de recursos, el uso y estudio de la tecnología y las habilidades educativas, entre otros. En este sentido se señala además que la investigación aplicada tiene su propio fundamento teórico.

En los tiempos actuales, la tarea fundamental radica en construir un sistema disciplinario que satisfaga las exigencias de creación, desarrollo disciplinario y destaque las características y leyes propias de la disciplina.

5. Profesorado, material didáctico, métodos de enseñanza

El profesorado, los materiales didácticos y los métodos de enseñanza, han sido algunas de las principales preocupaciones en la enseñanza internacional del idioma chino, las cuales se han vuelto más complejas por la tendencia de generalización de la enseñanza, la reducción de las edades de los estudiantes, el desarrollo de la enseñanza en países extranjeros, la localización, la nacionalización, la diferenciación lingüística y la diferenciación étnica.

Actualmente, se presta especial atención a las investigaciones que analizan las condiciones y la formación del profesorado local, el desarrollo de materiales de enseñanza diferenciados y de estrategias de enseñanza y que, además, propician una mejor adaptación a las necesidades y aptitudes de los alumnos.

6. Enseñanza del chino a la diáspora china

La enseñanza internacional del idioma chino ha estado dirigida tanto a los extranjeros como a la diáspora china, compuesta por chinos expatriados y su descendencia. La diversidad de los contextos lingüísticos y culturales hace que la enseñanza de la diáspora china sea fundamental y única. A pesar de compartir aspectos comunes, sus complejos niveles intrínsecos, y su sistema de conocimiento la diferencian significativamente de la enseñanza del idioma chino como segunda lengua o como lengua extranjera en sentido general y, por consiguiente, en los últimos años, el diseño de programas, la organización de los cursos, los materiales de enseñanza, la evaluación y la formación se han convertido en temas de investigación de gran popularidad.

7. Construcción y desarrollo de los Institutos Confucio

Hasta el año 2019, luego de 15 años desde su creación, el Instituto Confucio ha entrado en una etapa de desarrollo estructural, en la que se deben profundizar los estudios relacionados con la política nacional, el sistema de gestión, el mecanismo de funcionamiento, la visión, el entorno de desarrollo, el personal docente, el diseño de los planes de estudio, los recursos didácticos y los métodos de enseñanza en el nuevo entorno mundial.

8. El desarrollo de la enseñanza y el aprendizaje a través de Internet y la creación de plataformas y recursos digitales.

Como resultado de los avances tecnológicos, el entorno de desarrollo de la enseñanza internacional del idioma chino ha experimentado cambios radicales y, actualmente, con el Internet móvil, modelos como la "enseñanza en la nube" toman forma gradualmente. Durante los últimos años, el trabajo se ha centrado en la construcción de diversas plataformas educativas de enseñanza y repositorios de información acerca de los cuales también se han realizado investigaciones. Como parte de estos recursos cabe destacar: las plataformas de difusión por Internet, los MOOC (cursos en línea masivos y abiertos), las clases y corpus en línea, así como, los repositorios de materiales de enseñanza, libros de texto, bases de datos de casos de estudio, fichas didácticas, materiales de soporte y colecciones de investigaciones académicas. Entre todos los mencionados anteriormente, los estudios lingüísticos y de adquisición basados en el corpus y los repositorios de materiales de enseñanza están relativamente bien desarrollados.

II. Principales problemas por resolver

Desde la perspectiva de la misión histórica y el desarrollo realista de la enseñanza internacional del idioma chino, existen un conjunto de problemas pendientes relacionados con el desarrollo del sector y con la construcción de la disciplina. El siguiente apartado presenta un resumen de los aspectos más destacados desde la perspectiva de la construcción y el desarrollo de la disciplina.

1. Relación imprecisa entre la tarea y la disciplina

El solapamiento entre tarea y disciplina ha sido un elemento muy común en la enseñanza internacional del idioma chino debido a su doble naturaleza y función. La sustitución de la disciplina por un periodo prolongado de tiempo ha provocado que se descuide y se limite su construcción y desarrollo, especialmente en lo que respecta al diseño general, la asignación de recursos, la creación de equipos de trabajo, la investigación teórica básica y la transformación de los resultados académicos.

2. Poca definición de la configuración y el contenido de la disciplina

La definición de la configuración y el contenido de la disciplina siempre ha sido controversial desde el inicio del desarrollo de la didáctica del chino para extranjeros hasta su transformación en enseñanza internacional del idioma chino. Los criterios para definir la disciplina son numerosos, como por ejemplo, algunos especialistas la consideran una subdisciplina de la lingüística, es decir, forma parte de la lingüística aplicada, otros piensan que es una subdisciplina de la pedagogía, hay quienes manifiestan que se trata de una interdisciplina entre la lingüística y la pedagogía, incluso hay especialistas que la consideran una interdisciplina emergente e independiente, por el contrario, otros piensan que está estrechamente relacionada con la comunicación porque su principal función es la difusión de la cultura china. Las diferencias entre los argumentos y percepciones de los especialistas han provocado la falta de claridad en la dirección del desarrollo de la disciplina y su frecuente inestabilidad.

3. Deficiencia en la estructura del sistema de conocimiento de la disciplina

La falta de claridad en la configuración de la disciplina provoca que no exista un criterio común a la hora de constituir un sistema disciplinario de conocimientos para la enseñanza internacional del idioma chino. Hasta el momento, se ha determinado que la lingüística, la pedagogía y la psicología constituyen los fundamentos teóricos de la disciplina, no obstante, queda por definir la relación entre la lingüística y la pedagogía dentro del sistema de conocimientos de la disciplina.

En materia de investigación, la comunidad lingüística sigue llevando la delantera por encima de la comunidad de estudios pedagógicos, sin embargo, no tiene una proyección activa hacia los problemas relacionados con la pedagogía.

Actualmente, salvo los estudios vinculados con las disciplinas básicas de la enseñanza internacional del idioma chino, los restantes estudios del sistema teórico básico y de la investigación aplicada son insuficientes y poco completos.

4. Carencia de un diseño global e integral

Desde inicios del nuevo siglo, el diseño global de la disciplina de la enseñanza internacional del idioma chino se ha desarrollado de forma aislada en muchos aspectos, además, su estrategia de diseño global e integral no ha estado bien definida.

A partir del desarrollo de los Institutos Confucio, la profundización de la enseñanza a la diáspora china, el surgimiento de grupos de estudiantes cada vez más jóvenes con diversidad de intereses, el aumento de la necesidad de una enseñanza con fines específicos y los avances de la enseñanza del chino en el nivel preparatorio, se ha vuelto evidente la necesidad de una reestructuración global e integral de todos los aspectos y etapas de la enseñanza internacional del idioma chino, y el diseño de un plan a largo plazo.

Es importante destacar que no contar con un diseño global y estratégico por la falta de orientación académica de los agentes implicados, ha retrasado el desarrollo de la disciplina. Por lo tanto, replantearse y coordinar las funciones de las sociedades e instituciones correspondientes, es una misión fundamental para los académicos y directores.

5. Poca profundización en las investigaciones teóricas fundamentales

La enseñanza internacional del idioma chino, en sus pocos años de desarrollo, no ha logrado un consenso de criterios entre las partes implicadas, por eso es de vital importancia la investigación exhaustiva y profunda de las teorías básicas sobre las que se fundamenta como disciplina.

En un contexto nacional e internacional de constantes cambios, se impone llevar a cabo un trabajo concienzudo de investigación que abarque todos los aspectos básicos de la teoría aplicada y de la práctica docente, y que potencie el carácter científico, la integralidad, la capacidad de previsión y adaptación de la disciplina. Por ejemplo, la constitución de los fundamentos teóricos de los Institutos y las Aulas Confucio que se encuentran en una fase de desarrollo prácticamente nula, requiere una investigación sistemática a largo plazo si se pretende alcanzar una evolución sostenible de la disciplina.

6. Insuficiencias del mecanismo de innovación para la formación de personal profesional de alto nivel

La doble naturaleza de la enseñanza internacional del idioma chino como disciplina y tarea exige la formación de investigadores, especialistas en enseñanza, en gestión profesional y expertos que combinen ambas competencias para alcanzar el desarrollo disciplinario y sectorial.

En la actualidad, los mecanismos de innovación para la formación de personal profesional a distintos niveles son insuficientes, exceptuando la formación académica para los estudiantes de maestría y doctorado, el adiestramiento de personal altamente especializado, fundamentalmente de los equipos de docentes y directivos en el extranjero es reducido. Como resultado de la falta de objetivos claros y diseños integrales en la formación del personal, es común que la capacitación se realice de manera apresurada para suplir necesidades puntuales. Por lo tanto, es fundamental la realización de un diseño global y la planificación general a nivel nacional para hacer frente a estas dificultades.

(Autor: Shi Chunhong, Universidad de Lengua y Cultura de Beijing)

II Informes detallados

Informe sobre el desarrollo de los recursos docentes de la enseñanza internacional del idioma chino

Tras la fundación de la nueva China, el Curso Especializado de Idioma Chino para Estudiantes de Intercambio de Europa del Este, organizado por la Universidad de Tsinghua en julio de 1950, marcó el inicio de la Didáctica del Chino para Extranjeros. Este curso se inauguró a principios de 1951 con 33 estudiantes internacionales y 6 profesores chinos.

En 1961 el Ministerio de Educación Superior de China, seleccionó a un grupo de profesores chinos para ir al extranjero y durante el periodo de 1961 a 1964 se inició la formación del profesorado de idioma chino. En el verano de 1965, el Instituto de Lengua y Cultura de Beijing (actual Universidad de Lengua y Cultura de Beijing) organizó su primer Curso de Formación de Profesores de Idioma Chino para Estudiantes Extranjeros y posteriormente en 1978, se puso en marcha el Curso de Chino Moderno como carrera universitaria de cuatro años para la formación del profesorado. En las décadas de los años 80-90 del siglo pasado se abrieron programas de grado, máster y doctorado en Didáctica del Chino para Extranjeros, con el fin de formar profesionalmente al profesorado de idioma chino como segunda lengua.

I. Formación del personal

La formación de docentes maduros y experimentados requiere un largo y constante proceso de aprendizaje profesional en el aula, realizar actividades autodidactas fuera del aula, practicar la enseñanza, corregir los errores que vayan surgiendo en el quehacer diario y construir una actitud y conciencia profesionales correctas.

China ha promovido enérgicamente el desarrollo de la disciplina de la enseñanza internacional del idioma chino y ha mejorado sistemáticamente el sistema de formación del profesorado para satisfacer la creciente demanda de docentes en el extranjero.

En la actualidad, además del programa de grado, también se lleva a cabo la formación del profesorado en másteres y doctorados de tipo académico y profesional. En el año 2019, China contaba con más de 100 facultades para la formación de personal relacionado con la enseñanza internacional del idioma chino, distribuidas en 29 provincias, regiones autónomas y municipios excepto la provincia de Qinghai y la región autónoma del Tíbet, (sin incluir: cifras de Hong Kong, Macao y Taiwán).

1. Máster académico

En la década de los años 90 del siglo pasado, la apertura de programas de másteres académicos de tres años relacionados con la Didáctica del Chino para Extranjeros, dio un gran impulso a la formación de personal profesional.

En 2019, en toda China se registraron 82 instituciones con matrícula abierta para cursar maestrías académicas en Lingüística y Lingüística Aplicada tales como: la Didáctica del Chino para Extranjeros. Sin embargo, desde el inicio del máster profesional en Enseñanza Internacional del Idioma Chino, en 2006, la cantidad de másteres académicos ha disminuido y la de maestrías profesionales ha aumentado. Actualmente, en la mayoría de los centros de estudio, la cifra de estudiantes que cursan ese es mucho menor que este.

2. Doctorado académico

En 1997, el Comité de Títulos Académicos del Consejo de Estado de China, aprobó la creación del doctorado en Lingüística y Lingüística Aplicada (Nº 050102) que inició la inscripción de nuevos alumnos en el mismo año. En 2015, la Universidad de Lengua y Cultura de Beijing (BLCU) comenzó el doctorado en Educación Internacional del Idioma Chino, primer programa de doctorado de segundo nivel en China dedicado exclusivamente a la Didáctica del Chino para Extranjeros. Este programa de doctorado académico se estableció con una duración de tres a cuatro años.

En el año 2019, un total de 59 instituciones admitieron a 79 doctores académicos en disciplinas relacionadas con la enseñanza internacional del idioma chino.

3. Máster profesional

En 2006, se introdujo a modo de prueba el máster profesional en Enseñanza Internacional del Idioma Chino (posteriormente denominado así) para satisfacer la creciente demanda de profesorado de idioma chino a nivel global. En 2007 este máster se incluyó oficialmente en el catálogo de maestrías y a partir del 2008 formalizó su matrícula en universidades de toda China. La duración prevista para este programa fue de dos años, sin embargo, en los últimos tiempos, son más los centros docentes que adoptan el sistema de formación de tres años. Hasta 2018, se han registrado en China un total de 148 centros de formación de máster profesional en Enseñanza Internacional del Idioma Chino y en los últimos 10 años se ha alcanzado una formación acumulada de 48 000 personas aproximadamente.

En 2019, un total de 148 instituciones en China matricularon a 6520 estudiantes en el programa de máster profesional en Enseñanza Internacional del Idioma Chino (5209 estudiantes chinos y 1311 estudiantes internacionales). Según muestran las estadísticas, hasta 2019 alrededor de 55 000 personas se han formado para obtener títulos de maestría profesional en Enseñanza Internacional del Idioma Chino (43 000 estudiantes chinos y 12 000 estudiantes internacionales).

En la actualidad, el máster profesional en Enseñanza Internacional del Idioma Chino se ha convertido en el mayor sistema en China de formación del profesorado de chino y el que exporta al extranjero el mayor volumen de profesores. La importancia que se le concede a este tipo de formación promueve la organización anual de diversos foros profesionales a nivel nacional.

Los estudios reflejan que, además de las asignaturas obligatorias de “Enseñanza del Idioma Chino como Segunda Lengua”, “Introducción a la Adquisición del Idioma

Chino como Segunda Lengua", "Introducción a la Cultura China", "Comunicación e Interculturalidad" y "Organización y Gestión de la Clase", también se imparten asignaturas optativas relacionadas con la cultura, la enseñanza del idioma en general y la pedagogía. Cabe destacar que, el aspecto más relevante de este tipo de programa es la realización de prácticas de un año en el extranjero.

4. Doctorado profesional

En el año 2018, el Ministerio de Educación de China aprobó el programa piloto de doctorado profesional en Enseñanza Internacional del Idioma Chino en 12 centros escolares con el fin de elevar el nivel de formación del profesorado, capacitar a profesionales cada vez más competentes y fomentar la difusión cultural y la comunicación entre China y los países extranjeros. En ese mismo año, un total de siete centros educativos de China matricularon a 22 estudiantes que completaron el programa de doctorado en un periodo de cuatro a seis años durante los cuales compaginaron estudio y trabajo.

Según las estadísticas, en 2019, un total de 59 doctores en Enseñanza Internacional del Idioma Chino fueron admitidos por 19 centros educativos de toda China. A finales de 2019, la cifra de estudiantes de doctorado en estos centros era de 81.

En 2019, un total de 148 instituciones de formación de toda China matricularon a más de 7000 estudiantes en los cuatro tipos de programas de máster y doctorado mencionados anteriormente.

De manera general, la situación actual de desarrollo del profesorado de enseñanza internacional del idioma chino presenta las siguientes características:

(1) Es un sistema de formación muy completo con un mecanismo integrado de grado, máster (profesional y académico) y doctorado (profesional y académico) en las especialidades pertinentes. Proporciona una garantía sólida para satisfacer la demanda de enseñanza del idioma chino a nivel internacional, ayuda a mitigar la escasez de docentes, y a formar especialistas en la investigación y el desarrollo de la disciplina.

(2) El desarrollo del máster profesional, una de las tareas fundamentales de

desarrollo de la enseñanza internacional del idioma chino, ha garantizado la formación práctica de los docentes y el suministro continuo de personal profesional.

Tras años de esfuerzo y desarrollo, en buena medida se moderó la demanda de profesorado de idioma chino en el extranjero.

En 2019, China también apoyó la creación de la especialidad de grado en Formación Profesional de Profesorado de Idioma Chino en 17 universidad de 12 países para especializar al profesorado local.

II. Formación del profesorado

La necesidad de mejorar las competencias del profesorado local de chino en cada uno de los países, ha impulsado el uso de diferentes métodos de formación de docentes por parte de China.

1. Información general sobre la formación del profesorado

(1) Formación previa al ejercicio profesional de los docentes enviados oficialmente por China: en 2019 un total de 925 nuevos profesores fueron formados y enviados a 155 países para enseñar el idioma.

(2) Formación de docentes locales en China: según las estadísticas, 953 profesores de idioma chino procedentes de 56 países y regiones recibieron formación en China durante 2019.

(3) Capacitación en el extranjero de los docentes locales por especialistas enviados desde China: en 2019 China envió varios grupos de especialistas a 13 países para capacitar a 783 profesores locales.

2. Formación del profesorado voluntario de idioma chino

(1) Formación previa al ejercicio de los profesores voluntarios: en 2019 se formaron alrededor de 4700 nuevos profesores voluntarios que iban a trabajar a 140 países y regiones.

(2) Formación laboral para profesores voluntarios: según las estadísticas, en 2019,

un total de 17 países llevaron a cabo la formación profesional de más de 3700 profesores voluntarios de idioma chino.

En 2019, China formó un total de 1736 profesores locales, 925 nuevos profesores enviados desde China y más de 8400 profesores voluntarios (incluidas la formación previa y la profesional). En total, a lo largo del año, se formaron más de 11 000 profesores de enseñanza internacional del idioma chino.

III. Profesorado en el extranjero

En 2019, luego de un proceso de selección y formación, China envió un total de 9922 docentes (profesores y voluntarios) a 155 países y regiones de ultramar para suplir la demanda de profesores de chino. Del total de docentes, 6289 voluntarios fueron enviados a 140 países y regiones, de ellos 3031 se ubicaron en las Aulas Confucio y 3258 en escuelas, colegios y universidades locales no relacionadas con el Instituto Confucio; 3633 profesores se trasladaron a universidades, escuelas y colegios de 155 países, de ellos 3006 se ubicaron en 416 Institutos Confucio y 66 Aulas Confucio de 152 países y regiones, y 627 en escuelas y universidades no pertenecientes a los Institutos Confucio.

En ese año, además, se contrataron a 219 profesores locales de idioma chino en 43 países de la Franja y la Ruta.

En 2019, en algún grado se moderó la demanda de profesorado en los países extranjeros con los profesores y voluntarios enviados desde China y docentes formados en los centros educativos chinos.

(Autores: Zhu Ruiping y Liu Xu, Universidad Normal de Beijing)

Informe sobre la elaboración de los materiales didácticos para la enseñanza internacional del idioma chino

I. Historia de la elaboración de los materiales de enseñanza

El primer libro de texto de la didáctica del chino para extranjeros publicado tras la fundación de la República Popular China fue el *Hanyu jiaokeshu* (*Libro de texto de idioma chino*) (Deng Yi, 1958). Bajo el mismo título se publicó en Bulgaria otro libro durante ese periodo con diferentes autores. (Zhu Dexi y Zhang Sunfen, 1954).

Desde la reforma y la apertura de China, el desarrollo de los materiales didácticos ha seguido el ritmo de la evolución de la enseñanza internacional del idioma chino. En 1987, con la creación de la Oficina del Consejo Internacional de Lengua China (Hanban), se dio un gran impulso al desarrollo de los libros de texto. A finales de 2013, se había logrado un marco fundamental para la creación de materiales didácticos para la enseñanza internacional del idioma chino a través de la organización de la sede del Instituto Confucio en la elaboración de unos 3000 volúmenes/tipos de libros de texto de idioma chino, entre los que se incluían: libros para la enseñanza primaria, secundaria y universitaria, libros de texto y manuales de autoaprendizaje, materiales de lectura, libros de referencia, tutoriales para la preparación de exámenes, normas de enseñanza y programas de estudio. Hasta 2017, se distribuyeron más de 30 millones de libros de texto en 170 países y regiones, además de los recursos en formato digital relacionados con el idioma, la cultura, las humanidades y las ciencias sociales que se comenzaron a ofrecer en la biblioteca digital.

Con la llegada del siglo XXI, la creación de los materiales docentes para la enseñanza internacional del idioma chino ha adquirido nuevas características y tendencias de desarrollo:

(1) Aumento de las publicaciones de 1373 ejemplares (13,6 %) antes del año 2000 a 8735 ejemplares (86,4 %) en los primeros dos decenios del presente siglo.

(2) Incremento del número de idiomas de los materiales de 16 idiomas en el siglo pasado a más de 40 en los primeros dos decenios del presente siglo.

(3) Crecimiento de la proporción de libros de texto para niños, de 242 ejemplares (17,63 %) en el siglo pasado a 2883 ejemplares (33,01 %) en los primeros dos decenios de este siglo.

(4) Aumento de la cantidad de materiales especializados, de menos del 1 % en el siglo pasado a más del 5 % en los primeros dos decenios de este siglo.

A finales de 2018, la Base de Datos Global de Materiales de Enseñanza, de Investigación y Formación para la Enseñanza Internacional del Idioma Chino, registró un total de más de 17 800 ejemplares en uso publicados en 40 países y en 56 idiomas. La tendencia global de desarrollo de los materiales de enseñanza de chino ha avanzado desde un enfoque en los elementos lingüísticos hasta una combinación de idioma, comunicación y cultura, además, se han diversificado los métodos de enseñanza y perfeccionado las habilidades de comunicación.

II. Desarrollo a nivel nacional

Las estadísticas sobre los materiales de enseñanza de 22 editoriales muestran un total de 667 ejemplares en 16 idiomas con combinaciones bilingüe/multilingüe (chino, inglés, coreano, francés, ruso, alemán, árabe, español, indonesio, tailandés, mongol, rumano, checo, holandés, polaco y hausa).

1. Materiales de enseñanza y de lectura

En China, los materiales de enseñanza se adaptan cada vez más a las exigencias de los nuevos tiempos. De los 140 volúmenes existentes que se utilizan en las aulas, 131 son libros de texto de chino general y 9 son libros de texto de chino para fines específicos, entre los cuales se destacan: el *Curso intensivo de chino preparatorio* de 6 volúmenes de la editorial Beijing Language and Culture University Press y el *Aprendizaje en China* de 4 volúmenes de la editorial Foreign Language Teaching and Research Press, que siguen a la guía del *Programa de Examen final del curso preparatorio de los becarios del gobierno chino* enfocada en las necesidades del creciente número de estudiantes de grado que viajan a China para realizar sus estudios. Además, se pueden mencionar algunos materiales con fines profesionales y académicos tales como: la *Serie profesional de tecnología en idioma chino: Física* de la editorial Beijing Language and Culture University Press; el libro *Lectura y redacción de tesis para estudiantes internacionales* de la editorial Huazhong University of Science &Technologe Press; el libro *Redacción de Tesis* de la editorial Jinnan University Press y el libro de texto *MOOC Universidad de Beijing: los caracteres chinos* de la editorial The Commercial Press, que se sincroniza con el curso en línea "Los Caracteres Chinos" impartido por la Universidad de Beijing.

Los materiales de enseñanza de las aulas se centran cada vez más en las necesidades de los alumnos según su grupo de edad. En 2019, se elaboraron 93 materiales de enseñanza para universitarios y adultos, entre los que se destacan: *Expressway to Chinese* de la editorial Beijing Language and Culture University Press, la serie de *Boya Chinese* de la editorial Pekin University Press, *Mastering Chinese* de la editorial People´s Education Presss y *Contemporany Chinese* (versión en mongol, polaco y checo) de la editorial Sinolingua; 29 materiales destinados a estudiantes de secundaria, por ejemplo: *Jum high* y *A systematic Chinese course* (libros de textos de idioma chino para las escuelas secundarias tailandesas) de la editorial Beijing Language and Culture University Press; 18 ejemplares para los alumnos de la escuela primaria, entre los que se pueden mencionar: *I love Chinese* (libro de texto de idioma chino para las escuelas primarias tailandesas) de la editorial Foreign Language Teaching and Research Press y *Lively Chinese* de la editorial Sinolingua.

Los libros de texto y manuales de autoaprendizaje cuentan con seis volúmenes, sin embargo, su demanda es reducida debido a la gran variedad de recursos de aprendizaje en China.

En China, los materiales de lectura suman un total de 454 y representan el 68,1 % de los libros de texto de idioma chino en todo el país, entre los cuales, los 415 libros infantiles constituyen el 91,4 % del total de los materiales de lectura a nivel nacional. En general, los materiales de este tipo son series de lecturas graduadas que abarcan una amplia gama de temas como las humanidades, el acontecer nacional, la ciencia y la vida cotidiana y escolar.

2. Libros de referencia y materiales de soporte

Los libros de referencia cuentan con un total de siete volúmenes, entre los que se destacan el diccionario ilustrado *Chinese-English dictionary of advanced Chinese usage* y el *Little Chinese dictionary*, ambos de la editorial Foreign Language Teaching and Research Press. Este, que tiene versiones de chino-francés y chino-alemán, *es* un libro bilingüe para nivel inicial, con ilustraciones y tomando como referencia fundamental el vocabulario del *Programa de exámenes de HSK* y las palabras de alta frecuencia que aparecen en el *Listado de vocabulario de uso frecuente del chino moderno*.

Los materiales para la preparación de exámenes son en total 36 volúmenes, la mayoría de los cuales son libros de texto relacionados con el HSK, por ejemplo, *Frequency-based HSK vocabulary*, *HSK writing book*. Además, se encuentran disponibles ejemplos de exámenes para el Diploma del Bachillerato Internacional (IBDP) y el Certificado General Internacional de Educación Secundaria (IGCSE).

Los manuales para la formación del profesorado cuenta con un total de 24 volúmenes, entre los cuales se destacan: *Teaching Chinese as a foreign language*, de la editorial Higher Education Press, en el que se presentan los métodos, pasos y técnicas de enseñanza del idioma chino como lengua extranjera, y *The teaching of international Chinese starts from here: case study and analysis of international Chinese teaching in primary and secondary schools* de la editorial Pekin University Press, que incluye 60 casos reales de enseñanza de 13 países.

III. Situación del desarrollo en el extranjero

El desarrollo de materiales de enseñanza en el extranjero se encuentra en una situación bastante buena, destacando principalmente 12 países y regiones lingüísticas con un total de 598 ejemplares en 10 lenguas de comunicación (chino, inglés, coreano, japonés, francés, alemán, español, tailandés, indonesio, árabe, bilingüe/multilingüe) en 2019.

1. Materiales de enseñanza y de lectura

Fuera de China se registra la existencia de 246 materiales de enseñanza utilizados en clase: 237 de chino general; 9 de chino especializado (3 de turismo, 2 de negocios, 1 de derecho, 1 de aviación, 1 de medicina y 1 de comercialización), por ejemplo, *Teoría y casos de traducción jurídica del chino* y *Chino práctico para la aviación* en coreano.

Entre los materiales de enseñanza específicos para cada edad se destacan: 151 volúmenes destinados a estudiantes universitarios y adultos, por ejemplo: *New horizon college Chinese* es japonés, *Eyes on China: an intermediate-advanced reader of modern Chinese* para anglosajones y *Ternyata bahasa mandarin mudah* (*No sabía que el chino fuera tan fácil*) utilizado en Indonesia. Existen, además, 24 volúmenes dirigidos a alumnos de secundaria, por ejemplo, *Viaje a China* en España y *Grow up* en Singapur. Entre los 68 ejemplares para estudiantes de primaria y los 3 volúmenes para la enseñanza preescolar se pueden mencionar: *Estudios sobre China 1-6* de Egipto, *El idioma chino: guía de conversación para niños* en Francia y el *Happy Learning Chinese* utilizado en Tailandia.

Los libros de texto y manuales de autoaprendizaje existentes en el extranjero alcanzan la cifra de 144 volúmenes y superan con creces los textos similares editados en China. El contenido de estos libros abarca sobre todo la expresión y la comprensión oral, el vocabulario (incluido las fichas de vocabulario), los caracteres chinos y la gramática, por ejemplo: *Next steps in mandarin Chinese with Paul Noble for intermediate learners* de la editorial Harper Collins Publishers y *Chinesische Handelskorrespondenz* (*Audición del chino de negocios*) de Alemania.

De los 113 materiales de lectura, 96 son libros infantiles, en cuyo contenido predominan las historias literarias que están disponibles en formato papel, digital y en audiolibros. Su representante es *La biblioteca infantil de idioma chino del mundo* del grupo Cengae Learning en Singapur, que divide los materiales de lectura en 10 niveles donde se incluyen cuentos, materiales de ciencia y de cultura china. Además, se han publicado 50 volúmenes distribuidos fundamentalmente en Estados Unidos, Indonesia y Filipinas.

2. Libros de referencia y materiales de soporte

Los materiales de referencia son empleados generalmente por adultos. Del total de 17 libros, los diccionarios representan la mayor parte, incluidos dos volúmenes con ilustración para niños, aunque también hay materiales de gramática, de estudio de los caracteres chinos.

Los tutoriales para los exámenes reúnen 73 volúmenes que se centran en el vocabulario y en los modelos de exámenes, siendo el examen HSK el de mayor número de materiales relacionados, por ejemplo, *Easy writing HSK 3 full Chinese simplified characters vocabulary* y la versión japonesa de *Pasa seguro new HSK 1*. Además, existen materiales para la preparación del examen YCT (Examen internacional estandarizado de lengua china dirigido a estudiantes de primaria y secundaria), entre los cuales está la versión coreana del libro *Dream Chinese YCT*. De los materiales de preparación para el resto de los exámenes se destacan: *AP Chinese vocabulary book*, edición 2019, la versión japonesa de *1000 preguntas para preparar a fondo la comprensión escrita del nivel 3 de*

JLPT y *IB Chinese B (HL) Chinese Intensive Revision.*

En los libros de secundaria se aprecia el solapamiento de algunos materiales como la serie *Cambridge IGCSE® Chinese as a second language* de la editorial University Cambridge Press, que también se emplea en el Programa de Estudios de Idioma Chino como Segunda Lengua del IGCSE de Inglaterra.

Para la formación del profesorado existen cinco libros, entre los cuales hay guías didácticas, como *Primary Chinese teaching toolkit,* y estudios sobre la enseñanza y el aprendizaje tales como *Teaching Chinese as a Second Language: The Way of the learner.*

IV. Características de los materiales de enseñanza

(1) Complemento entre las ediciones chinas y extranjeras. Aunque las ediciones chinas tienen una mayor proporción de materiales de lectura y de formación del profesorado comparado con las del extranjero, la cantidad de materiales de uso en el aula, libros y manuales de autoaprendizaje, libros de referencia y materiales de preparación para los exámenes de las ediciones extranjeras es superior a las de China.

(2) Los materiales de enseñanza para niños representan el 33,4 % de los materiales empleados en las aulas, y los libros de lectura infantil, el 91,1 % de los materiales de lectura. El número de materiales de enseñanza infantil en el extranjero es superior al de China, lo que se debe a la entrada del idioma chino en los sistemas educativos nacionales de más de 60 países y el aumento de la cantidad de niños que aprenden chino fuera del país.

(3) Incremento de los materiales de enseñanza de "Chino + Habilidades Profesionales". Para cubrir las demandas de la construcción de la Franja y la Ruta, este tipo de materiales ha cobrado gran significación para el desarrollo futuro, entre los cuales se destacan por ejemplo: *Chinese for working professionals: a textbook for intermediate-high to advanced learners* de la editorial británica Routledge, *Aprenda tecnología en China* (ferrocarril, logística y comercio electrónico) del el Instituto

Confucio de la Universidad de KhonKaende Tailandia, *Chinese for police* de la de la editorial Foreign Language Teaching and Research Press y *Chinese for cabin crews* de la editorial Xinxuelin de China. En algunos Institutos y Aulas Confucio de países de África también han sido elaborados otros materiales inéditos, tales como, *Libro para guías turísticos* del Instituto Confucio de la Universidad de Namibia, *Chino para el sector de la aviación de Seychelles*, *Chino para el sector turístico de Seychelles* elaborados por el Instituto Confucio de la Universidad de Seychelles y *Chino para enfermeras* del Instituto Confucio de la Universidad de Sierra Leona. Además, el folleto *Tecnología de la Soldadura*, que pertenece a la serie *Idioma Chino para la Industria*, planteada por la editorial National Open University Press ya está en uso en Zambia.

(4) Desarrollo de materiales de enseñanza en regiones donde antes prácticamente no existían. En las regiones de habla árabe, la compañía egipcia Bayt Alhekma Cultural Investment y la editorial East China Normal University Press, publicaron el libro bilingüe chino-árabe *China studies* (grados 1-6), también el Ministerio de Educación de los Emiratos Árabes Unidos, promovió el uso del libro inédito *Crossing the silk road* para la enseñanza secundaria. En muchas regiones de África, como se mencionó anteriormente, los Institutos y las Aulas Confucio elaboraron sus propios materiales de enseñanza, tal es el caso del libro *La vida en la literatura* en Mozambique. En las escuelas internacionales de Kazajstán, promovieron el uso del libro *Little Li's story*, un libro de texto en ocho idiomas, publicado por la editorial hongkonesa Quick Chinese International Education Press.

(5) Énfasis en el desarrollo de materiales para la formación del profesorado fundamentados en los métodos de enseñanza, los casos de estudio y las técnicas de enseñanza, por ejemplo, el libro *Gan laoshi de jiaoxue fabao* (*Los trucos de enseñanza de la profesora Gan*), *50 ejemplos de juegos para la enseñanza internacional del idioma chino* y las series de materiales en redacción de las editoriales Beijing Language and Culture University Press, Pekin University Press y The Open University of China Publishing, que tienen como objetivo adaptar la formación docente y solucionar el déficit de profesorado de chino a nivel internacional.

(6) Desequilibrio en la distribución del contenido de investigación de los materiales de enseñanza. Los resultados de la búsqueda por palabras clave en la plataforma China National Knowledge Infrastructure (CNKI), arrojaron un total de 113 investigaciones relacionadas con los materiales para la enseñanza internacional del idioma chino, de los cuales 9 eran artículos sobre edición y publicación, 6 y 98 eran los números de investigaciones sobre los materiales antes y después de la fundación de la nueva República Popular de China respectivamente. La mayoría de las 98 investigaciones abordaban los materiales de enseñanza empleados en las universidades de China. En la plataforma CNKI, además, se localizaron 6 investigaciones acerca de los libros de texto de primaria y secundaria, 3 de los materiales de lectura, 11 de los materiales de enseñanza en el extranjero y a nivel local y 8 de los materiales para fines específicos.

(7) Proyecciones futuras enfocadas en el desarrollo local, la adecuación a la edad, la orientación para fines específicos (a nivel de especialización y profesional) y la creación de recursos educativos en línea. En el futuro se pretende evolucionar hacia la satisfacción de las necesidades de la enseñanza del idioma chino a nivel internacional y combinar la práctica docente, además, reunir y procesar de manera oportuna los resultados globales sobre la adquisición del segundo idioma y sobre la constitución y uso eficaz de los materiales de enseñanza.

(Autores: Zhou Xiaobing, Universidad de Lengua y Cultura de Beijing; Wang Xi, Universidad Normal del Este de China)

Desarrollo de los exámenes de competencia de idioma chino

El año 2019 marcó un nuevo comienzo para la enseñanza internacional del idioma chino, e inició una nueva etapa de gran significación histórica para el desarrollo de las pruebas oficiales de este idioma.

Los exámenes oficiales de idioma chino *Hanyu Shuiping Kaoshi* (HSK) se utilizaron por primera vez en 1984, hace ya más de 35 años. Desde el año 2004 con la creación de los Institutos Confucio, el HSK y los otros exámenes de competencia del idioma chino han evolucionado durante 15 años y se han adaptado a las necesidades de cada época.

El HSK, situado en un nuevo punto de partida histórico, ha evolucionado de ser una prueba del chino a convertirse en el examen oficial del idioma chino moderno. Su desarrollo más allá de un simple cambio en el uso de los caracteres chinos ha supuesto el cambio hacia un enfoque acorde con la nueva era de la enseñanza internacional del idioma chino, y la vuelta a la esencia para centrarse tanto en la comunicación oral como en los demás aspectos que componen el idioma. El nuevo enfoque hacia los resultados sin ignorar los procesos ha aportado una perspectiva novedosa y una reflexión profunda que ha beneficiado la sistematicidad de los exámenes.

En el año 2019, el HSK se convirtió en la tercera marca de exámenes de idioma después del IELTS y el TOEFL. La clave de este examen ha estado en el desarrollo continuo e innovador orientado al entorno global.

I. Desarrollo actual

En el año 2019, las pruebas de competencias del idioma chino se han convertido en un sistema global de evaluación con una variedad y funciones cada vez más sofisticadas, entre las cuales se encuentran en primer lugar, el examen oficial de idioma chino (HSK), seguido por el examen oficial de expresión oral en chino (HSKK), el examen oficial de idioma chino para estudiantes de primaria y secundaria (YCT), el examen de idioma chino comercial (BCT) y el examen de idioma chino para medicina (MCT). Además, existen las pruebas para las aulas de idioma chino, las simulaciones para la evaluación y las pruebas homologadas de idioma chino de los países extranjeros[1].

En 1990, la primera aplicación del examen HSK tuvo un total de 391 participantes, luego, en 2004, tras la fundación del Instituto Confucio, el número de centros de aplicación de los exámenes se incrementó a 61 distribuidos en 33 países y el total de examinados alcanzó la cifra de 32 000. En el año 2019, ya existían un total de 1229 centros examinadores de HSK ubicados en 150 países. En el mismo año 808 000 personas realizaron exámenes oficiales de idioma chino y 7,5 millones participaron en diversos tipos de pruebas de chino.

Para el estudio y análisis de la situación general de las pruebas de competencias de idioma chino, el presente estudio seleccionó como muestra los datos de 448 406 examinados de HSK 1-6 en 2019 (fiabilidad de la prueba α: 0,905~0,941). Los resultados reflejan que el HSK ha tenido un desarrollo acelerado, sin embargo, su distribución regional, por edades y por niveles no se ha comportado de manera equitativa, lo que coincide con la situación actual de la enseñanza internacional del idioma chino.

Distribución regional: los resultados reflejan un desarrollo desigual de las pruebas de competencias. En 2019, Asia (excluyendo a China) tuvo el mayor número de examinados de HSK, el 62,9 % del total de examinados a nivel mundial, sin embargo, esta cifra fue

1 Las pruebas de idioma chino en el extranjero que están certificadas actualmente por el Centro de Intercambio y Cooperación de Idiomas del Ministerio de Educación de China son: la prueba oral de idioma chino (OCT), organizada y aplicada en Hong Kong (China), y la prueba de competencias de caracteres chinos (HNK), organizada y aplicada en Corea.

mucho menor en el resto de las regiones, por ejemplo, en Europa el 8,9 %, en África el 3,7 %, en América del Norte el 2,0 %, en América del Sur el 1,1 % y en Oceanía el 0,5 %.

Cantidad total de participantes: en 2019, 7 países (excluyendo a China) sobrepasan los 10 000 y 5 se sitúan en el rango entre los 5000 y los 10 000 participantes (Véase la tabla 1).

En el presente documento, se abordan los factores históricos y culturales conocidos y, además, se presenta un análisis estadístico fundamentado en el número total de estudiantes extranjeros que viajaron a China por estudios en 2018, el volumen bilateral de comercio y la cantidad de participantes del HSK en 12 países. Los resultados revelan que, en relación con el número de candidatos del examen HSK ($p<0{,}001$) existe una correlación significativa y positiva entre la cantidad de estudiantes extranjeros que viajaron a China y el volumen de comercio bilateral, coeficientes R de 0,815 y 0,494 respectivamente.

Tabla 1 Número de candidatos del HSK por niveles y tasas de aprobados en los países seleccionados (año 2019)

Países	Total de partici-pantes	HSK 1 (nivel 1)		HSK 2 (nivel 2)		HSK 3 (nivel 3)		HSK 4 (nivel 4)		HSK 5 (nivel 5)		HSK 6 (nivel 6)	
		No. de personas	Tasa de aprobados	No. de personas	Tasa de aprobados	No. de personas	Tasa de aprobados	No. de personas	Tasa de aprobados	No. de personas	Tasa de aprobados	No. de personas	Tasa de aprobados
Corea	102638	5233	95.26 %	8349	93.75 %	15313	79.66 %	25319	66.84 %	28261	62.25 %	20163	64.82 %
China	93738[1]	2265	95.01 %	3896	92.35 %	9997	80.59 %	37411	64.76 %	24630	70.01 %	15539	66.74 %
Tailandia	50874	8194	71.15 %	10826	70.76 %	11431	57.96 %	11556	51.22 %	7697	47.84 %	1170	55.13 %
Japón	29836	2674	95.55 %	4125	94.38 %	6065	91.38 %	6825	76.92 %	6161	65.98 %	3986	59.96 %
Vietnam	21003	454	97.36 %	2481	92.66 %	6614	85.53 %	6989	83.63 %	3749	78.37 %	716	72.07 %
Indonesia	16612	3617	87.84 %	4190	90.67 %	3890	83.29 %	3056	73.53 %	1541	71.06 %	318	77.99 %
Myanmar	11947	1372	98.10 %	2468	95.58 %	2146	90.63 %	2397	83.35 %	1659	81.68 %	1905	81.15 %
Filipinas	11655	3789	65.29 %	3250	66.58 %	2870	55.16 %	1155	41.30 %	338	52.07 %	253	77.47 %
Rusia	8162	1712	94.98 %	1983	92.54 %	1923	82.79 %	1452	67.22 %	934	56.96 %	158	48.10 %
Italia	6732	1945	94.91 %	1927	95.23 %	1365	81.90 %	841	80.98 %	439	72.67 %	215	81.40 %
Francia	5724	1344	94.20 %	1798	88.38 %	1484	70.96 %	643	63.30 %	328	66.46 %	127	68.50 %
Pakistán	5203	2598	77.60 %	1425	77.33 %	768	51.43 %	315	33.33 %	84	55.95 %	13	15.38 %
Estados Unidos	5120	931	87.86 %	1007	90.0 7%	996	74.60 %	1317	71.15 %	645	69.46 %	224	84.38 %

Fuente: *Chinese Language Testing Service* (www.chinesetest.cn)

1 En China el examen HSK lo realizan principalmente estudiantes y trabajadores extranjeros en el país.

Distribución por edades: en el año 2019, la edad media de los participantes del HSK a nivel mundial fue de 21,71 años y la desviación estándar de 7,97. La mayor edad registrada fue 88 años, la menor, 6 años, y el 75 % de los participantes tenía 24 años o menos. De manera general, los participantes eran jóvenes y la distribución de la edad estuvo sesgada hacia la derecha. La edad media de los candidatos del HSK 1 fue de 18,85 años, la del nivel 2 de 19,36 años, la del nivel 3 de 21,22 años, la del nivel 4 de 22,37 años, la del nivel 5 de 23,58 años y la del nivel 6 de 24,02 años. La edad media de los participantes del YCT fue de 12,88 años y el 84 % tenía 15 años o menos.

Calificaciones y el nivel de dominio del idioma chino: existen diferencias entre los países y las tasas de aprobados del HSK. De los 12 países que conformaron la muestra, Myanmar, Vietnam, Italia e Indonesia tuvieron las mayores tasas de aprobados por niveles; en EE.UU., excepto en el HSK 3, el índice de aprobados por niveles fue superior a la media internacional; Japón, excepto en el HSK 6, también superó a la media global de aprobados; en Francia, el índice de aprobados de los exámenes HSK 5-6 sobrepasó la media internacional, mientras que en Rusia y en Corea resultaron inferiores; en Filipinas (excepto en el HSK 6), Pakistán y Tailandia la media de aprobados por niveles se situó entre los 9 y los 50 puntos porcentuales por debajo de la de los restantes países. Los resultados anteriores reflejan las diferencias en cuanto a la tradición histórica de enseñanza del idioma, la base de los estudiantes, el nivel de los profesores, la calidad de los planes de estudio y el grado de importancia que conceden los gobiernos locales a la enseñanza del idioma chino en cada uno de los países.

Porcentaje de aprobados por niveles: a medida que se incrementa el nivel de dificultad del examen, el porcentaje de aprobados disminuye, por ejemplo, en el HSK 1 era de 86,28 % y en el HSK 5 disminuyó hasta el 64,77 %, lo que coincide con la ley del aprendizaje del idioma y el diseño gradual de los exámenes. En el HSK 6, sin embargo, la tasa de aprobados aumentó ligeramente hasta el 67,13 % (Véase el gráfico 1), para conocer las causas de este ligero incremento se requiere una investigación más profunda.

Distribución por niveles: en general, el nivel de chino de los estudiantes extranjeros continúa siendo medio o bajo, los resultados muestran que los exámenes de menor nivel son los más populares, por ejemplo, los exámenes HSK 1 al 4 concentran el 70,06 % de los candidatos. Por otro lado, los participantes en los exámenes HSK 3 al 5 se han ubicado en los tres primeros puestos, lo que ha estado influenciado por el establecimiento del nivel mínimo de dominio del idioma y la adopción generalizada del HSK 4 y 5 como requisito de acceso para los estudiantes extranjeros en las universidades chinas.

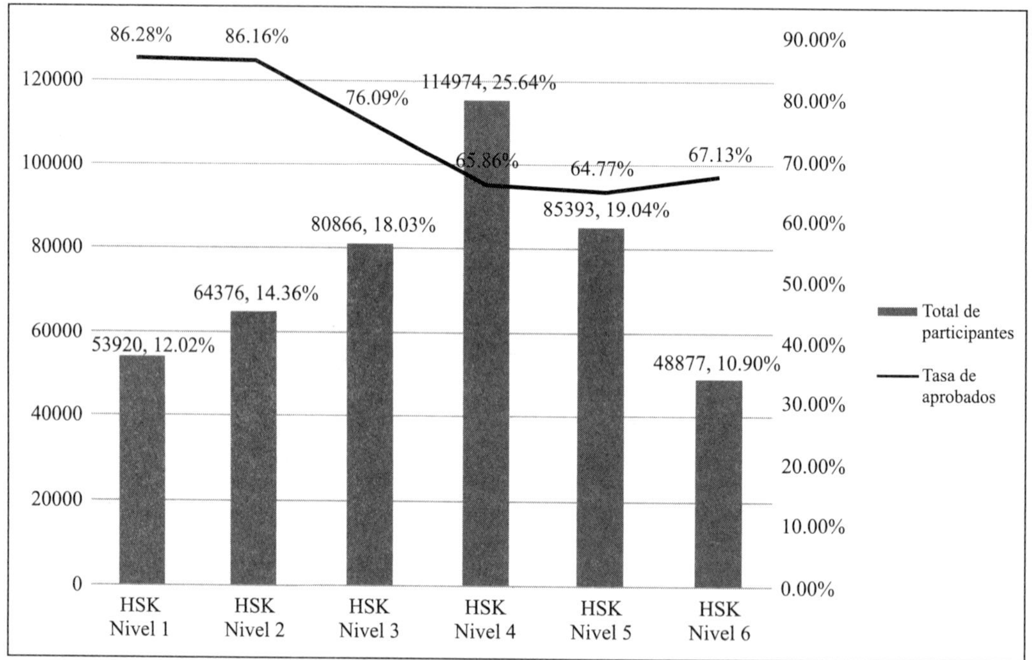

Fuente: *Chinese Language Testing Service* (www.chinesetest.cn)

Gráfico 1　Número de participantes del HSK por niveles y tasa de aprobados (año 2019)

II. Concepto de desarrollo

1. Enfocarse en los estudiantes

A medida que aumenta el número de participantes en las pruebas de competencias, la enseñanza y el aprendizaje del idioma chino, se han beneficiado del desarrollo de exámenes enfocados en los estudiantes.

(1) La prueba de competencia de chino evalúa los resultados, el proceso y la etapa de aprendizaje de los estudiantes, por lo que constituye una herramienta fundamental para ayudar a los alumnos a compensar sus deficiencias y mejorar su rendimiento. En 2019, por ejemplo, el número de estudiantes que realizaron pruebas en el aula y modelos de pruebas de simulación o diagnóstico ascendió a 6,7 millones.

(2) En el momento de diseñar el examen y el curso, se intenta situar el contenido en contextos reales para incentivar la aplicación de lo aprendido por parte de los estudiantes. En el examen HSK de 2019 se incluyeron 47 temas agrupados en 10 categorías que mostraban todos los aspectos de la vida social de China tales como la vida cotidiana, profesión y colocación, educación y cultura, tecnología y naturaleza. Estos temas también han estado presentes en los planes de estudio de más de 1,25 millones de estudiantes.

(3) Por último, la prueba de competencias establece un puente de comunicación entre China y el mundo para los estudiantes. En 2019, gracias a la feria HSK para estudiar en China, aproximadamente 150 000 extranjeros conocieron sobre China, un total de 398 000 estudiantes se trasladó a estudiar a China luego de realizar pruebas de competencias del idioma y más de 500 000 extranjeros tuvieron acceso a trabajos en China.

2. Resaltar los rasgos fundamentales del idioma chino

Los especialistas coinciden en que la competencia lingüística es extremadamente compleja y abstracta. En 2019, Zhang Houcan señaló que la competencia lingüística abstracta en un espacio y tiempo concretos se refleja en el nivel de uso de la lengua. En el examen HSK, por ejemplo, la competencia de los seis niveles se define con la descripción de la competencia y con la exposición de manera independiente por nivel de tres dimensiones fundamentales que incluyen: el vocabulario, las funciones comunicativas y la gramática. El HSK 1, exige a los alumnos un dominio de 150 palabras, 15 temas agrupados en 3 categorías fundamentales, 8 tareas lingüísticas y 40 puntos gramaticales; mientras que, en el HSK 6 los estudiantes deben conocer más de 5000 palabras, 47 temas agrupados en 9 categorías fundamentales, 14 tareas lingüísticas y 23 puntos gramaticales que reflejan en conjunto las características básicas del idioma chino.

Los nuevos tiempos exigen que las pruebas de competencias del idioma chino se fundamenten en la trayectoria histórica, tengan una representación más amplia de las características del idioma y ofrezcan una radiografía multidimensional y precisa del nivel de idioma a los alumnos de chino como segunda lengua. La reciente publicación del *Norma de competencias del idioma chino para la enseñanza internacional* pone de manifiesto las características de la lengua china a través de tres pilares de competencias (comunicativa contextual, comunicativa temática y lingüística) que incluyen cuatro dimensiones de 1110 sílabas, 3000 caracteres chinos, 11 092 elementos lexicales y 572 elementos gramaticales. En esta publicación también se especifican cinco habilidades de comprensión auditiva, expresión oral, comprensión lectora, expresión escrita y la traducción e interpretación y, por último, se definen tres etapas de estudio (básico, intermedio y avanzado) y nueve niveles de competencia del idioma. En el futuro, dicho estándar marcará una tendencia y guiará de manera integral la enseñanza, el aprendizaje, la evaluación y la valoración de la educación internacional del idioma chino.

3. Liderado por la investigación y la inteligencia artificial

Las pruebas de competencias del idioma chino siempre se han apoyado en la idea de que la ciencia y la tecnología son la primera fuerza productiva.

(1) En 2019, se ha dado seguimiento a la puesta en marcha de 17 proyectos de investigación del CTI (Chinese Test International Education Technology Co., Ltd.), lo que se ha promovido la investigación y el desarrollo tecnológico, y se han liderado dos proyectos claves de la Comisión Estatal de Idiomas de China.

(2) La Plataforma Internacional de Formulación de Preguntas en Idioma Chino y la Base Digital de Repositorio de Preguntas, durante sus seis años de funcionamiento eficiente, han logrado generar y codificar 120 000 preguntas para los exámenes de idioma chino a través del método de "examen en la nube", que se basa en la red informática para la elaboración de las propuestas y la combinación inteligente de preguntas.

(3) Se han establecido 489 centros de exámenes en línea en todo el mundo con

la "plataforma en la nube" y la tasa de cobertura de los exámenes alcanza el 40 %. Además, se ha puesto en marcha un sistema de simulación y diagnóstico en línea del HSK que evalúa de manera automática el dominio del idioma chino y las deficiencias de aprendizaje. Un total de 15 775 usuarios ya utilizan este sistema por las ventajas que ofrece para mejorar de manera específica los métodos de aprendizaje empleados.

(4) El uso de los correos electrónicos convencionales para la inscripción y las consultas sobre los exámenes se ha complementado con la incorporación de "Xiaoneng", sistema inteligente multilingüe de atención al cliente, lo que ha permitido responder automáticamente a 11 940 mensajes a lo largo del año. Además, se ha iniciado el empleo de tecnología de reconocimiento facial para garantizar la equidad y la seguridad de los exámenes.

III. Cooperación internacional

El uso generalizado del idioma chino y el incremento del número de estudiantes en todo el mundo ha incentivado la elaboración de estándares. En algunos países, además, se ha incorporado el idioma en los sistemas educativos nacionales a través de las evaluaciones de nivel, incluso han llegado a establecerlo como una asignatura en sus exámenes de acceso a la universidad. Las pruebas de competencias de chino se han convertido en un elemento fundamental en cada territorio, responden a las necesidades de los estudiantes y complementan los exámenes oficiales de idioma chino como el HSK.

1. Adecuación de la norma

Los organizadores, ejecutores y colaboradores de las pruebas de competencias del idioma chino, continuarán su trabajo con las instituciones educativas internacionales y las autoridades educativas nacionales para responder a las necesidades de los estudiantes de todo el mundo, promover la homologación internacional de los diferentes estándares del idioma y lograr el reconocimiento mutuo de la *Norma de competencias del idioma chino para la enseñanza internacional.*

2. Homologación de pruebas

La prueba de competencia del idioma chino coopera activamente con organismos examinadores profesionales de varios países para llevar a cabo la homologación bidireccional. Por ejemplo, en 2019, se llevó a cabo la homologación bidireccional del examen HSK con el Examen de dominio del Hanzi (HNK) utilizado en Corea y que cuenta con una participación de 2591 candidatos; además, se homologó el HSK y el Examen de idioma chino de Secundaria de Malasia (SPM) que tuvo una participación de 739 candidatos. En el futuro se continuará desarrollando la homologación bidireccional con pruebas de idioma chino de un mayor número de países y regiones.

El idioma es un puente para la comunicación. En muchos países el interés por el aprendizaje del idioma chino aumenta y cada vez son más las personas que conocen sobre China y experimentan su cultura a través del aprendizaje del idioma. Esta situación repercute de manera positiva en el desarrollo continuo de pruebas de competencias enfocadas en los estudiantes, que reflejen las características intrínsecas del idioma, estén lideradas por la investigación y la inteligencia artificial, respondan a las necesidades de aprendizaje de cada región y garanticen la calidad de la enseñanza internacional del idioma chino.

En el futuro, las pruebas de competencias continuarán explorando su papel como directrices para las evaluaciones, además, se perfeccionarán los criterios para la creación de un sistema de evaluación que permita pruebas más científicas, abiertas y fáciles de aplicar. Las pruebas de competencias se convertirán en una herramienta eficaz para desarrollar, calificar y clasificar la enseñanza internacional del idioma chino, y para orientar la enseñanza y el aprendizaje a las necesidades de los alumnos.

(Autores: Li Peize, Huang Lei, Li Lingyu, Xiao Yuan, Xie Nini, Chinese Testing International)

Informe del desarrollo del Instituto Confucio

Los Institutos Confucio son instituciones educativas sin fines de lucro creadas a través de la cooperación sino-extranjera. Sus objetivos fundamentales son: satisfacer las necesidades de aprendizaje del idioma chino de personas de diferentes países y regiones del mundo; promover el entendimiento de la lengua y cultura chinas; fortalecer los intercambios educativos y la cooperación entre China y otros países del mundo y favorecer el desarrollo multicultural y la construcción de un mundo en armonía.

A lo largo de los años, se han convertido en instituciones de aprendizaje del idioma chino con gran reconocimiento internacional. Sus funciones abarcan un gran número de aspectos tales como: la enseñanza del idioma, la formación y certificación del profesorado, la gestión de los recursos para la enseñanza y la organización y aplicación de los exámenes de idioma chino. Además, proporcionan información y consultoría acerca de la educación y la cultura chinas.

El análisis del desarrollo de los Institutos Confucio en el año 2019 que se presenta está fundamentado en la información estadística del Centro de Cooperación e Intercambio del Idioma Chino y las Lenguas Extranjeras del Ministerio de Educación de China.

I. Estructura institucional

1. Información general

Los Institutos Confucio, instituciones educativas sin fines de lucro creadas por China en el extranjero, tiene la misión fundamental de ayudar a las personas de todo el mundo a aprender el idioma y la cultura de China. Son un puente entre la comunicación lingüística, la comprensión cultural y la apreciación mutua de las civilizaciones, y constituyen una excelente plataforma para promover los intercambios humanísticos entre China y los países extranjeros, fomentar el desarrollo de la enseñanza del idioma chino y hacer realidad el mestizaje cultural y el intercambio donde todos los implicados participen y contribuyan.

Han transcurrido más de 15 años desde la creación del primer Instituto Confucio en el año 2004, durante los cuales, se han alcanzado importantes logros, por ejemplo, en 2010 el número total de Institutos Confucio superó por primera vez la cifra de 300, a lo que siguieron cinco años de intenso trabajo con 40 nuevos institutos anuales. En 2015 el número total de Institutos Confucio superó los 500, y desde entonces ha entrado en un periodo de desarrollo constante. En el segundo quinquenio, el número de instituciones establecidas disminuyó su ritmo de crecimiento porque la atención se centró en la calidad de los Institutos por encima de la cantidad.

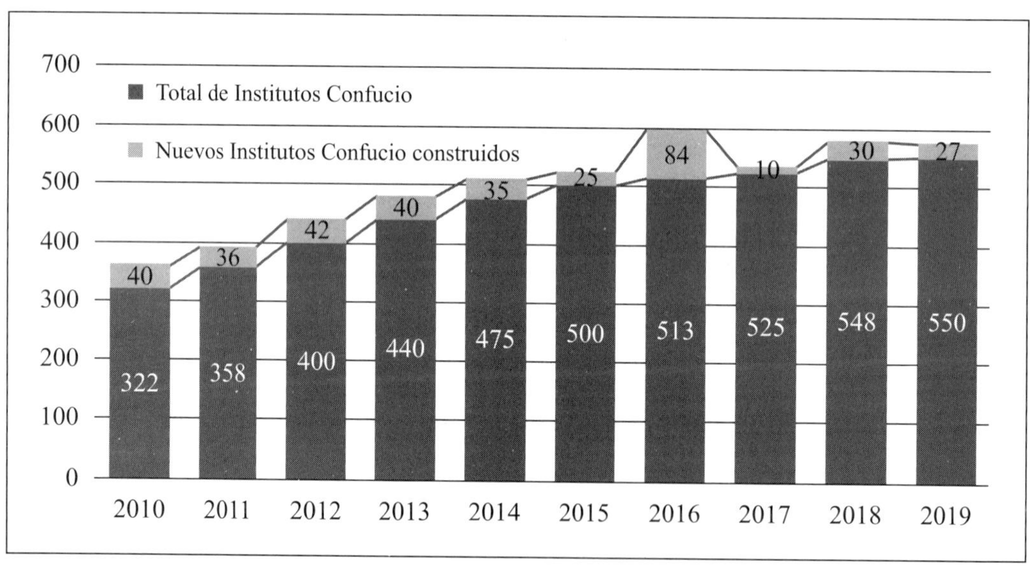

Fuente: Fundación Internacional China de Enseñanza del Idioma Chino

Gráfico 1 Los Institutos Confucio en la última década

En los últimos años, la diversificación se ha convertido en una característica fundamental del desarrollo de los Institutos Confucio.

(1) La diversidad de colaboradores o agentes: a diferencia de otras instituciones nacionales de promoción del idioma, los Institutos Confucio se caracterizan por la cooperación chino-extranjera, de escuelas, gobiernos, empresas y organizaciones sociales, entre muchos otros.

(2) La diversidad del público: las actividades del Instituto Confucio se dirigen a estudiantes, profesores, especialistas, profesionales de élite y personas comunes de diferentes grupos de edades, géneros y profesiones.

Los Institutos Confucio han desarrollado características especiales enfocadas a satisfacer las necesidades tanto de sus colaboradores como de los destinatarios.

2. Características regionales

Las características del desarrollo regional de los Institutos y las Aulas Confucio durante la última década (2011-2019) se detallan a continuación:

(1) En Europa, se aprecia un crecimiento en ambos casos. El número de Institutos Confucio ha sido uno de los más altos y la cantidad de Aulas Confucio se ha mantenido en un lugar intermedio.

(2) En las Américas, el número de Institutos Confucio se sitúa en un nivel alto, comparable con el de Europa y la cantidad de Aulas Confucio también está entre las más numerosas, superando incluso las cifras de otras regiones combinadas. A pesar de los descensos ocasionales, todavía ocupa una posición alta en el escalafón por cantidades de Institutos o Aulas Confucio.

(3) En Asia, el número de Institutos Confucio se sitúa en una posición media con un crecimiento acelerado. La cantidad de Aulas Confucio se ubica en la mitad inferior del listado y mantiene un aumento progresivo.

(4) En África, el número de Institutos y Aulas Confucio se encuentra en la parte media baja del escalafón, no obstante, en los últimos años se ha observado un crecimiento acelerado.

(5) En Oceanía, el número de Institutos y Aulas Confucio ha sido bajo y su desarrollo, relativamente estable. Las Aulas Confucio han mostrado un crecimiento más significativo.

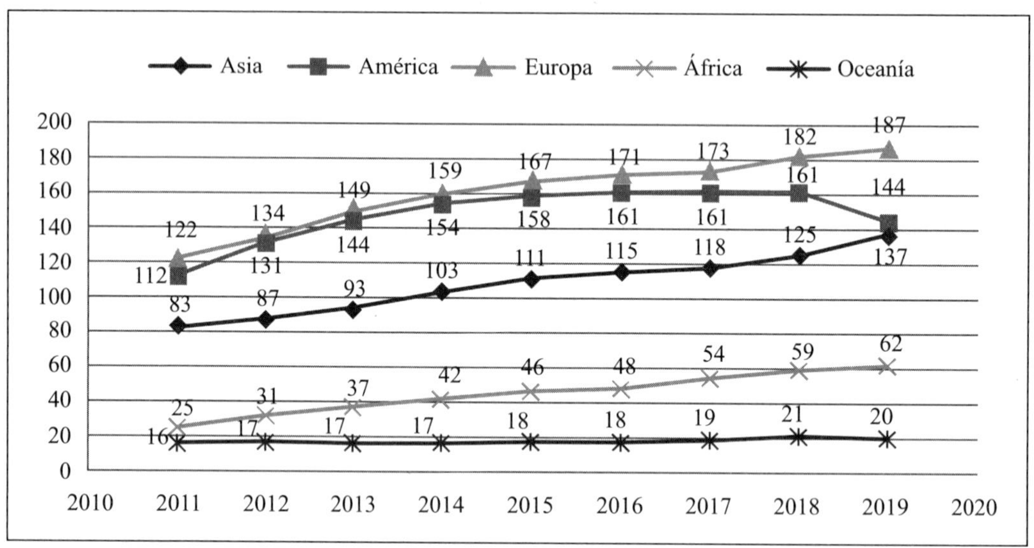

Gráfico 2 Desarrollo de los Institutos Confucio por regiones

De manera general, el desarrollo de los Institutos y las Aulas Confucio en Europa y Estados Unidos ha tenido altibajos ocasionales, sin embargo, debido a la enorme demanda local, la cooperación y el intercambio continúan siendo las principales tendencias. En Asia y Oceanía, el desarrollo ha sido constante y han establecido Institutos o Aulas que cumplen con las necesidades locales. En África, a pesar del estrecho vínculo político y comercial con China, el intercambio idiomático y cultural sigue siendo escaso, por lo que debería ser el centro de atención para futuros estudios.

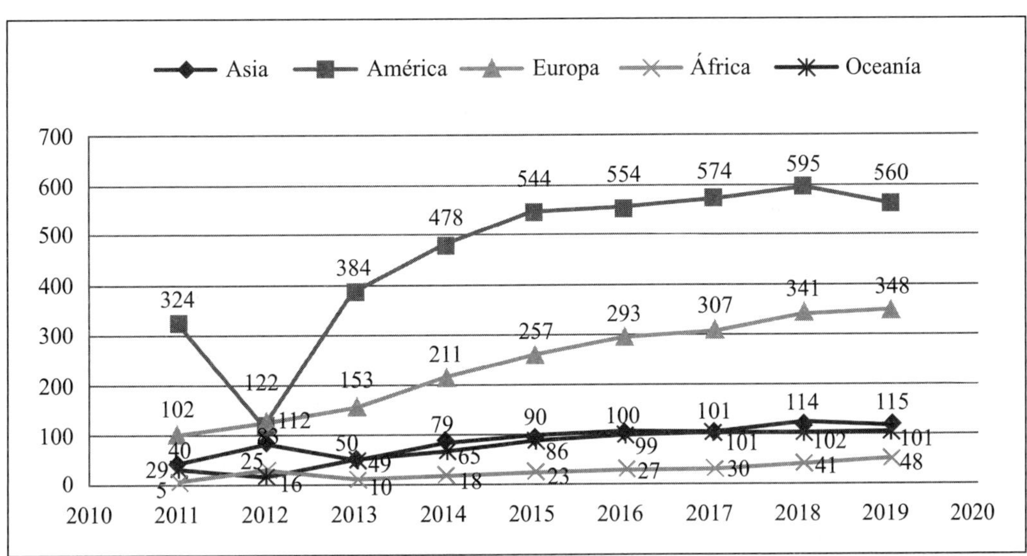

Gráfico 3 Desarrollo de las Aulas Confucio por regiones

La distribución de los Institutos y las Aulas Confucio en 2019 se caracterizó por la creación de un total de 550 Institutos Confucio en 152 países y regiones: 137 se localizaron en 37 países y regiones de Asia, que ocupa 25% de la totalidad, 62 en 45 países y regiones de África (11%), 187 en 41 países y regiones de Europa (34%), 144 en 24 países y regiones de América (26%) y 20 en 5 países y regiones de Oceanía (4%). Durante el año, se registraron un total de 1172 Aulas Confucio en 93 países y regiones: 115 Aulas en 24 países y regiones de Asia (10%), 48 en 20 países y regiones de África (4%), 348 en 31 países y regiones de Europa (30%), 560 en 13 países y regiones de América (48%) y 101 en 5 países y regiones países de Oceanía (8%). (Véase el gráfico 4)

En 2019, el total de alumnos que asistieron de manera presencial a los diferentes centros del Instituto Confucio fue de 1,81 millones, cinco veces más que hace diez años; el número de alumnos en línea fue de 1,688 millones y duplicó la cifra del año anterior. Es posible apreciar la diversificación de las vías de aprendizaje y el perfeccionamiento de los métodos de enseñanza del idioma chino. Los Institutos Confucio han sido capaces de adaptarse y satisfacer las necesidades individuales de aprendizaje de cada uno de los estudiantes, a través del desarrollo y la mejora continua.

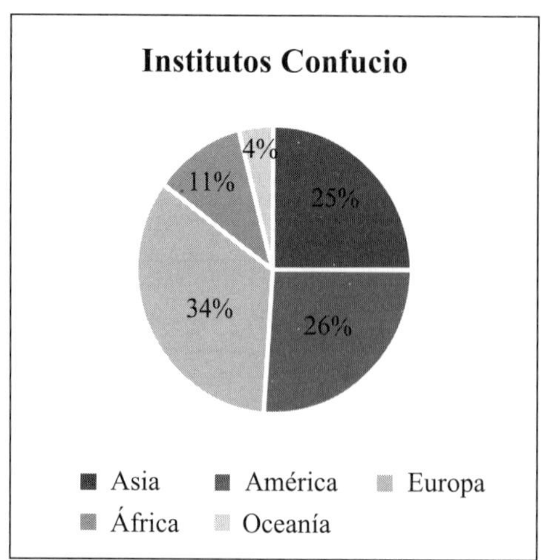

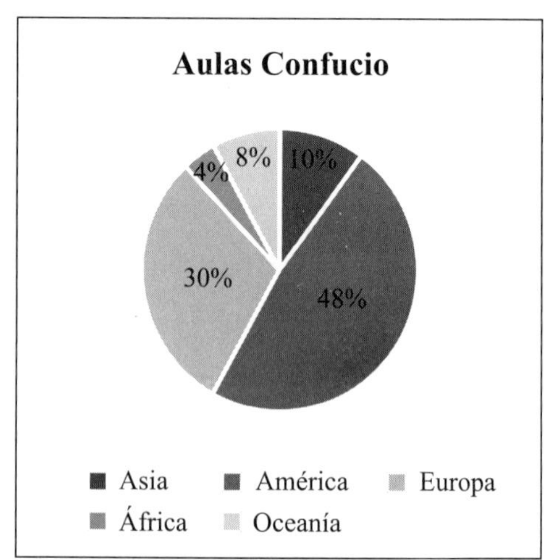

Gráfico 4 Distribución regional de los Institutos Confucio y las Aulas Confucio en 2019

En Europa y América se concentran dos tercios del total de los Institutos y las Aulas Confucio. Su desarrollo en Asia se acerca cada vez más al de América y la tendencia es que continúe aumentando. En África estas instituciones también comienzan a mostrar sus primeros signos de desarrollo.

Desde el inicio del Programa de Institutos Confucio Modelo en el año 2013, se han construido 48 ejemplares en todo el mundo, de los cuales 19 se sitúan en Europa. Reino Unido ocupa el primer lugar en Europa y el segundo en el mundo en cuanto a número total de Institutos y Aulas Confucio. Hasta 2019, en las escuelas primarias y secundarias de este país se han creado 30 Institutos Confucio y 165 Aulas Confucio que representan el 5,5 % y el 14 % del total de Institutos y Aulas Confucio a nivel global, respectivamente.

En Europa y América, la incomprensión hacia la verdadera función de los Institutos Confucio por parte de los medios de comunicación occidentales ha frenado su desarrollo en los últimos años. Por ejemplo, a partir del 2014, los malentendidos y percepciones sesgadas relacionadas principalmente con los propósitos, el impacto y las perspectivas de los Institutos Confucio, han provocado el incremento paulatino de los comentarios negativos y el escepticismo hacia la institución, y han afectado el quehacer diario de los Institutos Confucio locales.

En Asia y África, por el contrario, el desarrollo de los Institutos y las Aulas Confucio es alentador. En Asia, por ejemplo, la enseñanza del idioma chino tiene una larga historia y cuenta con bases sólidas, el desarrollo de la Franja y la Ruta incrementa la demanda del idioma y propicia el surgimiento de nuevos programas especiales como el "Chino +", destinado a satisfacer las nuevas necesidades de enseñanza en los países del sudeste asiático. En África, las bases de la enseñanza del idioma chino no son tan sólidas y el número de Institutos Confucio es reducido, sin embargo, ya cuentan con Institutos Confucio en el 80 % de los países. Además, las peticiones de incorporar el idioma chino en su sistema educativo nacional y el desarrollo de Institutos Confucio con características distintivas para adaptarse a cada país del continente cobran cada vez más significación, por lo que se pronostica un futuro prometedor.

II. Modelos de enseñanza

1. Proyecto de creación del Programa general de enseñanza del idioma chino para extranjeros

En el año 2008, la sede del Instituto Confucio en China (Hanban), publicó el *Programa general de enseñanza del idioma chino para extranjeros*, que fue traducido a 45 idiomas en los cinco años posteriores. Este Programa tenía como objetivos satisfacer la demanda de contenidos estandarizados para la enseñanza del idioma chino en el mundo, orientar la labor de enseñanza en los Institutos y las Aulas Confucio, y en los colegios e institutos en el extranjero. Siendo una guía y referencia de la enseñanza del chino para las instituciones y el profesorado, su contenido comprende la elaboración de planes de estudios, la evaluación de las competencias de los estudiantes y la confección de los materiales didácticos.

En el año 2013, con el objetivo fundamental de responder a los nuevos cambios de la enseñanza internacional del idioma chino, se llevó a cabo una revisión que resumió los resultados de las investigaciones sobre la planificación, la orientación y el diseño de las clases, el desarrollo de materiales de enseñanza y la evaluación de las competencias.

Como parte de las acciones para impulsar la incorporación de la enseñanza del idioma chino a los sistemas educativos nacionales de un mayor número de países, desarrollar la enseñanza a nivel local y solucionar los problemas de aplicación de este programa en el extranjero, la Oficina del Instituto Confucio de la Universidad de Lengua y Cultura de Beijing, bajo la orientación del programa mencionado arriba, llevó a cabo la elaboración de *Programa general de enseñanza del idioma chino para extranjeros y su plan de cursos* adaptado a las condiciones particulares y a las prácticas reales de enseñanza en las primarias y secundarias de un grupo de países seleccionados por su relevancia a nivel global. Desde sus inicios este proyecto se propuso integrar las normas, modelos y métodos chinos con la enseñanza en el extranjero e incorporar la enseñanza del idioma chino dentro del sistema educativo extranjero a través de los canales oficiales de educación de cada región.

A finales de 2019, el proyecto ya se había iniciado en diez países de seis continentes: Estados Unidos y Canadá en América del Norte, Chile en América del Sur, España y Bulgaria en Europa, Nueva Zelanda en Oceanía, Camerún y Zambia en África, y Tailandia y Kirguistán en Asia. Entre los resultados obtenidos se destacan: en Estados Unidos, el "*Plan de estudios del idioma chino desde la guardería infantil hasta el quinto grado*" y el "*Plan de estudios del idioma chino para los grados 6.º a 12.º de la escuela secundaria*"; en Chile, el "*Plan de estudios del idioma chino para los grados 1.ʳᵒ a 4.º de la escuela secundaria*"; en Camerún, el "*Plan de estudios de idioma chino para los niveles tres y cuatro*"; en Nueva Zelanda, el "*Plan de estudios del idioma chino basado en tareas*", y en Zambia, el "*Plan de estudios del idioma chino para la escuela secundaria*".

La aplicación en el extranjero del *Programa general de enseñanza del idioma chino para extranjeros* ha seguido las exigencias de la enseñanza de otras lenguas extranjeras o del chino, y conserva el sistema científico y los contenidos fundamentales del *Programa general* original, además, adopta un estilo de redacción respaldado oficialmente y adecuado para la población local, las escuelas primarias y secundarias. Con el paso del tiempo, este programa local podrá ser introducido como parte del programa de estudios en el sistema educativo de los países extranjeros y facilitará el aprendizaje científico y sistemático del idioma chino en la educación primaria y secundaria, además, permitirá a los estudiantes experimentar el encanto de la cultura china en su propio sistema educativo nacional.

El éxito de la aplicación del *Programa general de enseñanza del idioma chino para extranjeros* adaptado a nivel local ayudará a cultivar una nueva generación en el extranjero que conozca y aprecie a China, a construir de forma sutil la imagen de China y a incrementar la influencia de China en el extranjero.

2. Instituto Confucio en línea

El Instituto Confucio en línea (www.chinesecio.com), creado en 2008 por la sede central del Instituto Confucio, es un sistema de enseñanza de idioma chino a distancia que se basa en el uso de Internet. Su objetivo fundamental es aprovechar al máximo las nuevas tecnologías y modelos de enseñanza entre los que se incluyen: el Internet, los macrodatos y la inteligencia artificial para la creación de una plataforma global de aprendizaje que proporcione una mayor cantidad de recursos a los amantes de la cultura china en todo el mundo.

Actualmente, el Instituto Confucio en línea cuenta con más de 5500 sesiones de MOOC y microclases de 143 cursos de ocho categorías y presenta contenidos relacionados con el aprendizaje del idioma chino, los exámenes de competencias, la cultura tradicional china, la formación del profesorado, el chino profesional y las conferencias de expertos.

Es un sistema integrado de clases a la medida, clases en directo, enseñanza interactiva, herramientas de enseñanza inteligente y sistemas de gestión de cursos que ofrece un grupo de servicios para los distintos niveles de enseñanza, aprendizaje, evaluación y formación, y satisface las necesidades de aprendizaje de chino de los estudiantes de todo el mundo que ahora pueden aprender el idioma sin límites de tiempo ni ubicación geográfica.

A finales de 2019, se habían registrado 1,688 millones estudiantes en el Instituto

Confucio en línea y las visitas acumuladas eran de 12,02 millones. El sistema contaba con más de 4000 profesores ofreciendo cursos, más de 300 000 cursos en línea y más de 7000 materiales de aprendizaje. Para facilitar el uso de estos recursos, el sitio web de 900 frases chinas, también ofrece 19 idiomas, incluyendo el inglés, el francés, el ruso, el español, el coreano, el japonés, el árabe y el birmano.

3. Programa "Chino +"

En los últimos años, con la diversificación de la demanda de especialistas con dominio del idioma chino en diferentes países, los objetivos, contenidos y métodos de enseñanza en los Institutos Confucio han empezado a cambiar. Cada vez son más los países que necesitan personal técnico y comercial con destrezas en el idioma y habilidades para desempeñar otras funciones. Los Institutos Confucio mantienen actualizadas su oferta de cursos con una serie de programas especiales conocidos como "Chino +" destinados a la formación de nuevo personal profesional en diferentes ramas.

Por ejemplo, el Instituto Confucio de la Universidad de Estudios Extranjeros de Kansai (KUFS), en Japón, desde 2017 empezó a ofrecer el Curso de Idioma Chino para Personal de las Aerolíneas, dirigido a los estudiantes de la KUFS que hayan superado como mínimo el nivel 4 del HSK y que tengan previsto trabajar en el ámbito de la aviación. Este curso inició como programa piloto con 30 plazas por semestre y se agotaron apenas abrió la matrícula. Hasta el segundo semestre de 2019, acumulaba ya tres años ininterrumpidos de funcionamiento, su matrícula se incrementó a más de 180 estudiantes y la frecuencia de clases también se duplicó. El Instituto Confucio, además, ha centrado su trabajo en la industria y ha organizado cursos especializados de idioma chino, tales como, Chino para los Negocios, Chino para la Medicina, y Estudios de Planificación Global Profesional.

La Conferencia de Enseñanza Internacional del Idioma Chino de 2019 también contó con el primer foro destinado al programa de "Chino + Habilidades Profesionales", en el que participaron empresas chinas, extranjeras y también especialistas en educación, quienes abordaron el desarrollo sostenible del programa de "Chino +" y la combinación del desarrollo laboral y emprendedor. Como resultado del debate sostenido se han comenzado a implementar un conjunto de acciones. En la actualidad, más de 100 Institutos Confucio en alrededor de 40 países ofrecen cursos de "Chino +" en docenas de ámbitos como el ferrocarril de alta velocidad, los negocios, el comercio y la aviación. En el futuro, se prevé un mayor desarrollo de dicho programa para ofrecer más oportunidades de formación profesional en chino a estudiantes de diferentes países.

III. Publicaciones multilingües

En marzo de 2009, la sede del Instituto Confucio de China (Hanban), inició la publicación en inglés y chino de la serie *Instituto Confucio*. A partir de 2010, con el fin de enriquecer el contenido, ampliar la perspectiva internacional y satisfacer las necesidades de los alumnos que aprenden chino en diferentes países, se han comenzado a publicar versiones bilingües en 10 idiomas, incluyendo el español, el francés, el ruso, el árabe, el alemán, el portugués, el italiano, el japonés, el coreano y el tailandés. A finales de 2019, la serie registraba más de 1 millón de lectores y el número de tiradas había incrementado siete veces su distribución inicial, alcanzando la cifra de 200 000 ejemplares por número en cada uno de los idiomas. La cantidad de países y regiones donde se distribuye la serie también se ha incrementado hasta más de 160, lo que representa 20 países más que en 2018 y 40 más que en 2014.

La serie *Instituto Confucio* ha tenido una excelente acogida por parte de la población local y en numerosas exposiciones de gran prestigio internacional como: la Feria del Libro de Fráncfort, la Feria de las Lenguas de París y el Festival Internacional de las Lenguas de Marruecos. Su contenido presenta fundamentalmente aspectos relacionados con la cultura china, la enseñanza y el aprendizaje del idioma, además, informa sobre las actividades de los Institutos Confucio y los intercambios entre China y el extranjero. Esta serie es la única publicación de China que tiene un número independiente en varios idiomas y se edita, publica y distribuye de manera local en diferentes países, por lo tanto, es una hermosa tarjeta de presentación para los intercambios culturales y un excelente material para que personas de todo el mundo puedan aprender el idioma chino y conocer sobre China.

Su especial singularidad la ha hecho merecedora de importantes reconocimientos, por ejemplo, en 2016, la Asociación de Publicaciones Periódicas de China, la Revista del Anuario de Publicaciones Periódicas de China y la Feria Comercial de Publicaciones Periódicas de China la seleccionaron como una de las revistas mejor logradas del país; en 2017 obtuvo numerosos elogios en la Feria del Libro de Fráncfort, donde se presentaron 11 revistas bilingües que conformaron la selección de Revistas de China organizada por la Administración General de Prensa, Publicación, Radio, Cine y Televisión (GPPRFT) de China.

Los esfuerzos de esta serie no se limitan exclusivamente al logro de excelentes publicaciones en papel, además, se explora activamente su transformación e integración a los diferentes medios de comunicación. Con la premisa de ser una publicación presente en múltiples plataformas *online* y *offline*, la serie *Instituto Confucio* se consolida dentro de los medios de comunicación impresos, y despliega sus alas a través de la integración de su sitio web, su perfil de *Wechat* y la aplicación del Instituto Confucio.

Durante 2019, los Institutos Confucio mantuvieron una tendencia de desarrollo constante y de gran calidad, se diversificaron los métodos de enseñanza y de gestión de la institución y se prestó especial atención a la enseñanza del idioma como soporte fundamental del trabajo de los Institutos. Actualmente, la institución se encuentra transitando por un periodo de desarrollo interno, integración y mejora de la marca. En el futuro, se centrará en la enseñanza de idiomas, como actividad principal, se integrará activamente con la comunidad local, promoverá el fortalecimiento de sus atributos educativos, además, ampliará los canales de financiación y las fuentes de recursos para mejorar la calidad y la eficiencia de los Institutos Confucio. Se plantea también, promover la reforma institucional a través de programas de orientación política y coordinación, difundir la marca educativa sin fines de lucro entre el público local, desarrollar un funcionamiento orientado al mercado y continuar con el proceso de transformación y mejora interna y a nivel local en cada territorio.

En los próximos años, los Institutos Confucio se enfocarán en mejorar y desempeñar plenamente su función principal en el ámbito de educación y serán un complemento útil para el perfeccionamiento del sistema de la enseñanza internacional del idioma chino como disciplina de pregrado y postgrado. Dentro de las acciones de cara al futuro, apoyará la creación de facultades de formación del profesorado en las universidades chinas; de conjunto con los departamentos pertinentes estudiará y formulará políticas para mejorar las condiciones laborales del profesorado y el voluntariado chinos que se encuentran en el extranjero; apoyará la cooperación entre los especialistas chinos y extranjeros para la implementación de proyectos de creación de materiales de enseñanza de gran calidad; perfeccionará las normas para la enseñanza del idioma chino a nivel internacional; mejorará las normas de evaluación del profesorado y continuará promoviendo la construcción de los Institutos Confucio y la enseñanza internacional del idioma chino a través de la participación activa y la creación de fundaciones conjuntas entre escuelas, universidades, empresas, organizaciones sociales y personas en China y en el extranjero.

(Autor: Chen Lixia, Universidad de Lengua y Cultura de Beijing)

III Informe por regiones

Informe sobre el desarrollo de la enseñanza internacional del idioma chino en Asia

I. Situación general

En 2019, la enseñanza del idioma chino en Asia puede resumirse con dos palabras: popularidad e innovación. La popularidad hace referencia a la gran acogida que ha tenido el idioma, que además se ha puesto de moda en esta región. La innovación está relacionada con la evolución y la actualización en términos de calidad y eficiencia.

1. Incremento del número de países que integran el idioma chino en su sistema educativo nacional

A finales de 2019, un total de 69 países y regiones de todo el mundo ya habían incorporado el idioma chino como parte importante de su sistema educativo nacional a través de la publicación de políticas, leyes o normativas. En algunos países se incluyó el chino como una de las asignaturas de lengua extranjera de los exámenes de acceso a la universidad, mientras que, en otros países, el chino pasó a ser parte del sistema completo de enseñanza de lenguas extranjeras, desde la educación preescolar hasta la superior.

La inclusión del idioma chino en el sistema educativo nacional de numerosos países ha resaltado la importancia internacional del idioma y ha contribuido de manera significativa a mejorar los estándares del sistema lingüístico chino hasta la actualidad.

Luego de Japón, Corea, Filipinas, Tailandia, Malasia y Singapur, en el año 2019, otros países como Arabia Saudí, Emiratos Árabes Unidos y Georgia anunciaron por primera vez la inclusión del idioma chino en sus sistemas educativos nacionales. El 23 de febrero de 2019, Arabia Saudí informó que el idioma chino se incluiría en el plan de estudio de todas las etapas educativas del territorio para diversificar la educación en el país; los Emiratos Árabes Unidos comunicaron que, a partir de septiembre de 2019, pondrían oficialmente en marcha los Cursos de Idioma Chino desde la educación infantil hasta la escuela secundaria en alrededor de 60 escuelas públicas del país, además, el Ministerio de Educación de este país, dio a conocer la contratación de 150 profesores de idioma chino para el periodo 2019-2020 y la ampliación de la enseñanza del chino a 200 escuelas públicas; a inicios de 2019, China y Georgia se dieron cita en Tiflis, capital de Georgia, para firmar el *Acuerdo de Cooperación sobre la Promoción de la Enseñanza del Idioma Chino* y oficializar la incorporación de la enseñanza del idioma en el sistema educativo nacional de Georgia.

2. Nueva incorporación y establecimiento de Institutos Confucio y Aulas Confucio

Los Institutos Confucio continúan ampliándose en los diferentes países que integran la Franja y la Ruta. Hasta 2019 ya se habían creado 137 Institutos Confucio en 37 países y regiones de Asia y 115 Aulas Confucio en 24 países y regiones. En ese mismo año, además, se crearon un total de 27 nuevos Institutos Confucio y 66 Aulas Confucio, de los cuales cuatro se ubican en Asia: el Centro de Idioma Chino de la Universidad de Estudios Extranjeros de Pionyang en Corea del Norte, el Centro de Idioma Chino del Vila College en las Maldivas, el Instituto Confucio de la Universidad de Jeddah en Arabia Saudí y el Aula Confucio de la Escuela de Negocios de Timor Oriental.

En diciembre de 2019, en la Conferencia Internacional sobre la Enseñanza del Idioma Chino, se celebró la ceremonia de inscripción de los nuevos Institutos y Aulas Confucio de Indonesia, Filipinas, Georgia, Arabia Saudí, Maldivas y Timor Oriental.

3. Incremento de los estudiantes de idioma chino

De acuerdo con las previsiones para el año 2019, el PIB de China alcanzaría la cifra de los 98,7 billones (millón de millones) de RMB y el país ocupó el puesto de la segunda economía a nivel mundial. El rápido desarrollo de la economía y el aumento constante de la capacidad del país, han incrementado la demanda de personal profesional que domine chino en el extranjero. Por otro lado, en Asia, el número de países que se suman al proyecto de la Franja y la Ruta es cada vez mayor y promueve el desarrollo de la enseñanza internacional del idioma chino.

La demanda de aprendizaje del idioma ha mantenido su crecimiento durante todo el 2019, con cifras récord de más de 150 millones de estudiantes en todo el mundo. En la región de Asia, por ejemplo, Malasia cuenta con más de 600 000 estudiantes de idioma chino, de los que solo en el Instituto Confucio de la Universidad de Malasia se registraron 12 000 alumnos en 2019; en Tailandia el número de estudiantes supera un millón; Japón tiene más de dos millones de alumnos y Corea del Sur, más de diez millones, la cifra más alta de estudiantes de idioma chino a nivel mundial.

Dentro de las características distintivas de los estudiantes de chino se destacan:

(1) Transición de la afición personal por el idioma a la necesidad de desarrollo personal y la concienciación del impacto del aprendizaje del idioma en la mejora de la competitividad laboral. Aumento del número de personas con necesidades inmediatas de aprendizaje del idioma.

(2) Creciente demanda de los programas "Chino +", especialmente "Chino + Habilidades Profesionales". En los países asiáticos este tipo de programas ha tenido una gran acogida por la necesidad de formación de personal profesional con dominio del idioma chino.

(3) Rango de edad cada vez menor de los estudiantes debido al incremento de alumnos de nivel primario y secundario, incluso de educación infantil.

(4) Incremento del número de estudiantes en línea y del interés por los recursos de aprendizaje inteligentes basados en el uso de las nuevas tecnologías.

4. Diversificación del modelo de gestión y expansión de las instituciones de enseñanza de idioma chino

La popularidad del aprendizaje del idioma chino se encuentra en una etapa de crecimiento, países como Corea y Tailandia están ampliando la enseñanza del chino desde la educación infantil hasta la universidad, además, la diferenciación de los alumnos por nivel de enseñanza y grupos de edades cobra cada vez más importancia.

En la actualidad, los cursos de chino se ofrecen en escuelas, institutos, universidades, escuelas de formación profesional y academias de formación no reglada. La demanda de aprendizaje va más allá del estudio del idioma, se observa un interés especial por los programas que vinculan el idioma con la especialización y profesionalización. Los métodos de aprendizaje incluyen las clases presenciales, la enseñanza individual, en línea y las clases diurnas y nocturnas.

El incremento del número de estudiantes ha incentivado la expansión de las instituciones existentes y el incremento de las solicitudes de apertura de nuevos Institutos Confucio.

La diversidad de las necesidades de aprendizaje ha ampliado los modelos de gestión. En algunos centros educativos han adoptado la gestión conjunta o la cooperación entre las escuelas y las empresas, para ofrecer mejores oportunidades de desarrollo a los estudiantes.

En el año 2019, la vinculación del idioma con la formación profesional tuvo un crecimiento sin precedentes. El Instituto Confucio de la Universidad de Katmandú (Nepal), organizó un Curso de Chino + Mecánica Automática en el periodo de marzo a mayo; el Instituto Confucio de la Universidad de Teherán (Irán), ofreció un Curso de Chino + Formación Profesional; el Instituto Confucio de la Universidad de Malaya (Malasia) en cooperación con el Banco Negara de Malasia, Petronas, el Ministerio del Interior de Malasia, el Departamento Real de Policía y el Departamento de Inmigración ofreció Cursos de Chino + Servicio policial, Chino + Derecho, Chino + Negocios y Chino para Personal de la Aduana en los Aeropuertos, además, el 14 de noviembre de 2019, en cooperación ZTE (Education Management Co Ltd), también organizó un Curso de Formación Profesional en ámbitos altamente demandados como las telecomunicaciones, el Internet de las cosas y los datos masivos; por último cabe mencionar que en Tailandia, la formación conjunta entre los centros de formación tailandeses y chinos basado en el modelo Chino + Habilidades Profesionales ha tenido gran aceptación por parte de los estudiantes, incluso el gobierno de ese país se plantea combinar la formación profesional con la certificación de nivel.

5. Mejora de la calidad y la eficacia de la enseñanza

Durante el año 2019, se concedió gran importancia a la calidad de la enseñanza y a la creación de un sistema sólido de normas que respaldara el incremento de la demanda de la enseñanza internacional del idioma chino.

Desde el inicio de la enseñanza del idioma chino a nivel internacional el desarrollo del profesorado, los materiales y los métodos de enseñanza han sido elementos clave. En el contexto actual, se observa una evolución favorable de estos tres componentes dentro de China y Asia debido fundamentalmente a los puntos en común entre las culturas de la región y a las décadas de intercambios favorecidos por todos los proyectos de desarrollo existentes, mientras que, en los países extranjeros, especialmente aquellos con una gran cantidad de estudiantes de idioma chino, todavía hay dificultades relacionadas con la formación del profesorado, la creación de materiales y los métodos de enseñanza. En general, estos elementos se encuentran en una espiral de desarrollo en muchos países fuera de China y la región asiática.

Profesorado de chino: en los países extranjeros existen dos canteras fundamentales de docentes, los que son enviados desde China y los que se forman en cada uno de los países a nivel local. A lo largo del desarrollo de la enseñanza internacional del idioma chino y como parte de las perspectivas futuras se ha potenciado la formación de profesores locales.

Como parte de las acciones para la formación del profesorado procedente de diversos países se destacan: la creación de 5885 nuevos puestos de profesores voluntarios por Hanban en 2019 y la acogida de sesiones de formación para profesores voluntarios extranjeros por parte de varias instituciones universitarias de China, por ejemplo, a finales de 2018, la Universidad de Lengua y Cultura de Beijing organizó la formación de 307 profesores voluntarios provenientes de 94 centros de enseñanza de 27 provincias, en 2019 estos profesores se trasladaron a Corea para enseñar idioma chino; el 21 de marzo, la sede del Instituto Confucio de la Universidad Normal de Hainan llevó a cabo la formación de 100 profesores voluntarios para enviarlos a Tailandia en 2019; en diciembre de 2019, más de 50 profesores de idioma chino procedentes de Nepal acudieron al Instituto Internacional de Formación de Idiomas de Beijing en China (BICC) para participar en el Taller de Formación para Profesores de Idioma Chino Procedentes de Nepal organizado en China.

Además, se han organizado programas de formación del profesorado a nivel local, por ejemplo, la Universidad de Malaya (Malasia), en cooperación con la Escuela de Postgrado, la Escuela de Idiomas, la Escuela de Educación, el Instituto Confucio y la Universidad de Estudios Extranjeros de Beijing, creó el programa de máster en Enseñanza Internacional de Idioma Chino con el objetivo de formar profesores locales para la enseñanza del idioma en Malasia.

Existen cerca de cinco millones de profesores de idioma chino en todo el mundo, sin embargo, a pesar del incremento de la cantidad de docentes y del enfoque adoptado, la demanda de profesores en varios países sigue siendo mayor que la oferta.

Materiales para la enseñanza: los materiales de enseñanza tradicionales continúan desempeñando un rol importante, sin embargo, se observa un mayor interés en la creación de materiales locales y relacionados con los programas de "Chino +". Hasta el momento se han alcanzado logros significativos en el desarrollo de materiales de enseñanza estandarizados y gracias a la cooperación chino-extranjera, se ha comenzado a apostar por la elaboración de materiales diversificados y adaptados a las necesidades locales. A modo de ejemplo se puede señalar, el material de texto de idioma chino que empezó a usarse en Los Emiratos Árabes Unidos en 2019, año en que el idioma chino fue incorporado en el sistema educativo nacional de este país, contaba con la elaboración conjunta del Ministerio de Educación de dicho país y Hanban de China. Ambas partes continúan su cooperación para la elaboración de materiales con contenido cultural que ayuden a los estudiantes a comprender mejor los diversos aspectos de la sociedad china.

Modelos y métodos de enseñanza: la enseñanza presencial continúa siendo el modelo de enseñanza de uso más amplio, sin embargo, con el surgimiento de las nuevas tecnologías y el nuevo contexto global, la enseñanza en línea ha alcanzado un mayor protagonismo y ha dado paso al empleo de modelos de enseñanza híbridos que demandan una gran cantidad de recursos. Los profesores al diseñar sus clases son cada vez más conscientes de la importancia de combinar modelos y métodos de enseñanza coherentes con la cultura y las necesidades de los estudiantes de cada región o país. Los métodos más populares y de mayor eficacia son: la enseñanza basada en tareas, la enseñanza por temas, la enseñanza de acuerdo con el contexto, la enseñanza a través del juego y la enseñanza basada en las experiencias.

6. Récord de estudiantes examinados del HSK

En Asia, el número de los participantes de los exámenes de HSK ha alcanzado repetidamente nuevos máximos. El 12 de enero, en Sri Lanka, 102 candidatos se presentaron a los primeros exámenes de HSK y HSKK celebrados en el Instituto Confucio de la Universidad de Kelani; el 11 de mayo en Myanmar, 1058 estudiantes participaron en el primer examen de HSK organizado por el Aula Confucio de Fuxing; en Tailandia, el primer examen de idioma chino fue celebrado solo en dos centros, la escuela secundaria de la provincia de Sukhothai y en la escuela Sapusati de la provincia de Khamlopit y contó con una participación de 506 estudiantes, cifra más alta hasta ese momento; el 24 de febrero en el Instituto Confucio de la Real Universidad de Formación de Profesores de Mangsond Chao Phraya 1420 alumnos realizaron los segundos exámenes HSK, HSKK y KYCT; por su parte, el Instituto Confucio de Phuket registró un total de 12 327 participantes en los exámenes HSK del 2019, la mayor cifra entre todos los Institutos Confucio de Tailandia; en Vietnam, solo en el Instituto Confucio de la Universidad de Hanoi, lugar en el que se organizó la primera prueba de HSK en enero de 2020, participaron un total de 1250 candidatos; en Japón, el número de estudiantes examinados en 2018 fue de 34 108 y se estima que en el 2019, la cantidad de participantes se encuentre en su punto más alto, por ejemplo, el Instituto Confucio de la

Universidad de Estudios Extranjeros de Kansai, con 884 incripciones y 867 examinados, estableció récord entre en la cantidad de inscripciones y de participantes reales en el segundo examen de HSK del 13 de julio de 2019.

II. Casos de estudio: Tailandia y Corea

1. Enseñanza internacional del idioma chino en Tailandia

Tailandia es uno de los países pioneros en la incorporación del idioma chino al sistema educativo nacional. El idioma chino es la segunda lengua extranjera más popular del país, que ya cuenta con 16 Institutos Confucio, 20 Aulas Confucio y más de 17 000 profesores voluntarios de chino que imparten clases en al menos en 1000 escuelas, institutos y universidades de 73 provincias. Hasta el año 2019, Tailandia ya contaba con 3500 escuelas con cursos de idioma chino, 6500 profesores nacionales y extranjeros y 890 000 estudiantes de chino.

El crecimiento de la enseñanza internacional del idioma chino en Tailandia durante el año 2019 se ha caracterizado por:

(1) Incremento de la demanda del programa "Chino + Habilidades Profesionales"

La Franja y la Ruta, el plan para el establecimiento del corredor económico tailandés y la construcción del tren de alta velocidad entre China y Tailandia han ampliado las fuentes de empleo y cada vez más jóvenes, especialmente los estudiantes de formación profesional quieren combinar el estudio de una especialidad con el aprendizaje del chino. El programa "Chino + Habilidades Profesionales", y la creación de materiales de enseñanza han alcanzado una relevancia significativa, por ejemplo, el libro de texto *Idioma chino para la comunicación*, elaborado por el Consejo de Educación Profesional de Tailandia. En agosto de 2019, además, 69 estudiantes tailandeses completaron con éxito el programa Estudiantes de Élite en la Educación Profesional en Tailandia de la Universidad Normal de Tianjin, como parte del programa Becas del Gobierno Municipal de Tianjin para la Educación Profesional en Tailandia.

(2) Cifra récord de participantes en los exámenes oficiales de idioma chino:

El examen oficial de idioma chino ha tenido un gran impacto en Tailandia con un récord de más de 100 000 participantes. Se destacan por ejemplo, la participación de 23 Aulas Confucio y más de 50 directores de centros examinadores y responsables de los exámenes en la Conferencia de Trabajo del Examen de Oficial de Idioma Chino de Tailandia celebrada en Bangkok el 27 de abril de 2019; el examen de idioma chino del Instituto Confucio de Phuket superó por primera vez los 10 000 participantes y las 10 185 inscripciones; el Instituto Confucio de Chiang Mai, que cuenta con tres tipos de exámenes de idioma chino (HSK, YCT y HSKK) y posee una matrícula con candidatos de todas las edades, desde niños hasta ancianos, registró un total de 10 059 participantes en los 92 exámenes realizados en 23 centros examinadores y además, su Aula Confucio Chong Hua, durante el primer año de realización de los exámenes, estableció un récord de participación de 2021 estudiantes.

(3) Enfoque en la formación del profesorado:

Por una parte, la selección de profesores voluntarios en China: hasta el 2019 China ha enviado a Tailandia un total de 17 169 profesores voluntarios que llevaron a cabo la enseñanza del idioma chino en escuelas y colegios de 73 provincias.

Por otro lado, el desarrollo de la formación de profesores a nivel local: se realizaron programas de formación para profesores tailandeses en China y en Tailandia. Por ejemplo, durante el mes de abril se celebró en la Universidad Normal de Tianjin en China, el Programa de Formación para Profesores de Idioma Chino de la Oficina de Educación de Bangkok al que asistieron unos 20 profesores tailandeses; ese mismo mes en la Escuela Técnica Profesional de Energía de Shaanxi, 18 profesores de la Escuela de Formación Profesional Agrícola del Norte de Tailandia recibieron el Curso de Cultura China e Idioma Chino de una semana. En Tailandia, del 18 al 19 de enero, el Instituto Confucio de la Universidad Ibsanang organizó el Curso de Formación 2019 para Profesores de Idioma Chino Locales, en el que participaron un total de 53 profesores de 41 instituciones educativas; del 25 de marzo al 3 de abril, la Comisión de Educación

Profesional del Ministerio de Educación de Tailandia organizó el Curso de Formación de Idioma Chino 2019 para Profesores de la Comisión de Educación Profesional de Tailandia, al que asistieron 74 profesores procedentes de 44 provincias; además, los días 12 y 13 de diciembre, el Instituto Confucio de la Universidad de Chiang Mai junto a otras instituciones organizó el Evento de Formación de Profesores Locales de Idioma Chino del Norte de Tailandia y el Seminario de Enseñanza Internacional de Idioma Chino 2019 en el Sudeste Asiático (estación de Chiang Mai), en el que participaron cerca de 100 profesores locales de un total de 10 provincias del norte de Tailandia y de la zona de Bangkok.

2. Enseñanza internacional del idioma chino en Corea del Sur

En 2019, la popularidad del idioma chino entre los coreanos continúa en ascenso. Los frecuentes intercambios comerciales y económicos entre China y Corea del Sur incrementan la demanda de personal con conocimientos de idioma chino por parte de las empresas.

Hasta el momento de la elaboración del informe, de los 50 millones de habitantes (población total de Corea del Sur), más de 10,6 millones aprenden el idioma y los caracteres chinos (cifra más alta del mundo). En el país se contabilizan un total de 23 Institutos Confucio y 5 Aulas Confucio y según las cifras reportadas por la Agencia de Estadística de Corea, el número de personas que aprenden chino a través de diversos medios aumentó un 16,2 % con respecto al 2018. Además, en 2018, se reportó que el tamaño del mercado de la enseñanza del idioma chino en Corea del Sur superó los 700 mil millones de wones que equivalen a unos cuarenta mil millones de RMB.

En 2019, la enseñanza del chino en Corea del Sur estuvo determinada por el aprendizaje del idioma y la combinación "Chino + Especialización", además, cabe destacar la importancia que se le concede a la localización de los materiales de enseñanza. Hasta la fecha, los libros de texto procedentes de China y los que han sido editados en Corea ocupan cada uno la mitad del mercado y abarcan alrededor de 180 tipologías. Las ventas de los materiales de idioma de edición china se incrementan año tras año, sin embargo, los estudiantes continúan prefiriendo los materiales de edición local por encima de los de enseñanza procedentes de China. En 2019, el libro de idioma chino más vendido en Corea fue el *Chino delicioso*, un libro de texto escrito por el Instituto de Idioma Chino de Corea JRC para el aprendizaje intensivo de la comunicación oral.

En los últimos años, el número de participantes en los exámenes de idioma chino ha aumentado a razón de 200 por año. En 2019 la cifra de participantes superó los 100 000, ocupando el primer lugar a nivel mundial.

III. Reflexiones sobre el desarrollo

El aprendizaje del idioma chino ha mantenido su nivel de popularidad en Asia durante el 2019 y la enseñanza internacional del idioma chino, tanto en términos de planificación de políticas como de evaluaciones, ha logrado resultados alentadores. En el futuro se prevé que:

(1) El número de países que incorporen el chino en sus sistemas educativos nacionales seguirá aumentando.

(2) La necesidad de vincular el estudio del idioma chino con las habilidades profesionales será aún mayor. La demanda del aprendizaje del idioma en los países asiáticos se ha diversificado, además, la Franja y la Ruta ha potenciado el desarrollo de programas como “Chino +”.

(3) La formación de profesores continuará teniendo un enfoque bidireccional: se mantendrá el envío de profesores de China y se trabajará en la formación de profesores locales en cada uno de los países.

(4) La nacionalización y localización de los materiales para la enseñanza internacional del idioma chino continuará siendo una premisa en el diseño y la elaboración de los libros, aunque la amplitud cultural dentro de Asia sea menor que en Occidente. Además, se continuará la colaboración para la elaboración conjunta de materiales chinos y extranjeros.

(5) Los modelos de enseñanza serán cada vez más flexibles y diversificados. En la era de la inteligencia artificial, con la madurez que ha alcanzado la tecnología de Internet, la enseñanza presencial, en línea y la enseñanza híbrida pasarán a ser ampliamente utilizadas, por lo tanto, será necesario el perfeccionamiento de las normas y especificaciones de la enseñanza sistemática.

(Autor: Guo Fenglan, Universidad de Lengua y Cultura de Beijing)

Informe sobre el desarrollo de la integración del chino en los sistemas educativos nacionales en Europa

Caso de estudio: Reino Unido

Reino Unido es uno de los primeros países de Europa Occidental que incorporó el idioma chino en su sistema educativo nacional. El sistema educativo británico está constituido por Inglaterra, Escocia, Gales e Irlanda del Norte. En Gales e Irlanda del Norte las actividades relacionadas con la enseñanza del idioma chino en la educación primaria y secundaria son reducidas, además, en la secundaria y el bachillerato no se cuenta con un examen oficial del idioma, por lo tanto, en el presente informe solo se toman como referencias Inglaterra y Escocia.

La integración del idioma chino en el sistema educativo nacional británico se divide en tres etapas fundamentales:

(1) Aprobación gubernamental: la enseñanza del chino es reconocida por el sistema educativo nacional como una asignatura de lengua extranjera y los exámenes son incorporados en la educación básica.

(2) Incorporación institucional: queda plenamente establecido el sistema de enseñanza del idioma. El plan de estudios, la formación del profesorado y el desarrollo de materiales de enseñanza, adquieren el mismo estatus de otras asignaturas de lengua extranjera.

(3) Profundización de la integración y desarrollo a gran escala de la enseñanza del chino: el número de estudiantes, los exámenes y los resultados se sitúan entre los mejores puestos de la enseñanza de lenguas extranjeras.

I. Políticas para la enseñanza de lenguas extranjeras y la enseñanza del idioma chino

El idioma chino forma parte de los exámenes de graduación de la enseñanza secundaria y del bachillerato en Inglaterra desde hace ya bastante tiempo, sin embargo, durante todo ese tiempo, solo ha existido como lengua de aprendizaje de la comunidad china y en muy pocas escuelas convencionales se han establecido Cursos de Chino. De los estudiantes registrados, la mayoría son niños con ascendencia china que asisten a las escuelas comunitarias del barrio chino los fines de semana.

En 2002, el gobierno publicó *A strategy for foreign language life for all in England* (Una estrategia para la vida de las lenguas extranjeras para todos en Inglaterra) e implementó la enseñanza de lenguas extranjeras desde la escuela primaria, además, eliminó el requisito de asignaturas de lenguas extranjeras en el examen de graduación de la enseñanza secundaria a los 16 años, amplió la variedad de lenguas extranjeras que antes estaba restringida a las lenguas europeas (en esta ocasión se incluyó el idioma chino) y permitió a los centros educativos seleccionar el idioma extranjero de acuerdo a sus necesidades. Actualmente, hay 17 lenguas en el examen de graduación de la enseñanza secundaria en Inglaterra y 9 en Escocia.

En 2014, en el *Programa de Estudios de Inglaterra*, se decidió impartir el idioma extranjero en dos de las cuatro etapas que conforman la educación básica, la segunda etapa (7 a 11 años) y la tercera etapa (11 a 14 años).

Durante todo este tiempo el desarrollo y la integración progresiva de la enseñanza del idioma chino en el sistema educativo nacional del Reino Unido se han visto beneficiados por el incremento de los intercambios y la cooperación entre China y el Reino Unido, fundamentalmente en el ámbito de la enseñanza de idiomas.

En los últimos años, se observa la estabilización del desarrollo de la enseñanza del chino en las Aulas Confucio asociadas a las escuelas primarias públicas. El *Informe sobre las lenguas extranjeras en Inglaterra* de 2019, reflejó una situación similar a la de años anteriores, en la mayor parte de las escuelas primarias se continúan enseñando las lenguas europeas como el francés, mientras que, en menos del 3 % de las escuelas primarias se ofrece la enseñanza del idioma chino. No obstante, hay casos que evidencian un crecimiento en la demanda y el potencial del mercado de la enseñanza del idioma chino, por ejemplo, en un colegio bilingüe de propiedad privada en Londres, con cuotas de matrícula significativamente elevadas, el número de estudiantes de chino se ha incrementado de manera consecutiva durante dos años, de una docena en el 2017 a varias decenas en 2019.

En los centros de educación secundaria del Reino Unido, en cambio, la enseñanza del idioma chino está creciendo con relativa rapidez. En 2016, aproximadamente el 40 % de los centros privados y el 13 % de los centros públicos ofrecían Cursos de Chino. Ese mismo año, el Departamento de Educación del Reino Unido, destinó 10 millones de libras esterlinas para la creación del *Mandarin Excellence Programme* (Programa de Excelencia en Mandarín), un programa de cinco años, que ha desempeñado un papel fundamental en la promoción de la enseñanza del idioma chino en las escuelas públicas.

Durante el año 2019, no todas las noticias han sido buenas, a pesar del aumento de la cantidad de escuelas que imparten el idioma y del número de estudiantes interesados, por ejemplo, 76 escuelas se han integrado al *Mandarin Excellence Programme*, y la cantidad de alumnos de secundaria aprendiendo idioma chino ha superado los 5000, cifra fijada inicialmente como objetivo del programa. En la participación en los exámenes, se ha producido un descenso significativo de los candidatos de secundaria y de bachillerato, de 27 % y 32 % respectivamente (Véase el Gráfico 1). En el último año, los exámenes de idioma chino de bachillerato han perdido su tercera posición respecto a los exámenes de alemán.

En Escocia comparado con otras regiones del Reino Unido, la enseñanza del idioma chino comenzó más tarde. El idioma no se incorporó en los exámenes de graduación de la enseñanza secundaria y del bachillerato hasta el 2008 y el 2010, respectivamente. En los últimos años, el número de participantes en el examen para la obtención del título de secundaria ha fluctuado, la cifra de participantes de bachillerato, aunque ha aumentado, aún se considera baja.

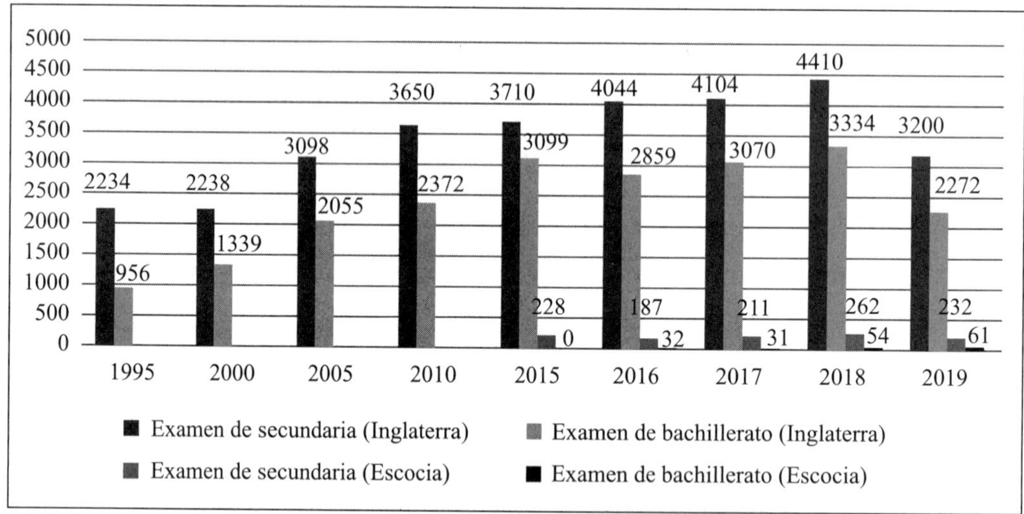

Gráfico 1 Total de participantes en los exámenes de idioma chino de graduación de la enseñanza secundaria y del bachillerato en el Reino Unido

II. Plan de evaluaciones y exámenes de graduación de la enseñanza secundaria y del bachillerato

El plan de evaluaciones de competencias de chino constituye una parte fundamental para la integración institucional en el sistema educativo nacional del Reino Unido. En Inglaterra, hasta la fecha, se han realizado varias modificaciones: la primera, fue una variante a medida con un enfoque lingüístico destinada a la comunidad china, posteriormente, en el presente siglo, después del cambio en la política lingüística, se implementó un plan con un enfoque más actualizado y comprensible para los alumnos de diferentes orígenes lingüísticos y culturales. En 2017, el plan de evaluaciones fue modificado nuevamente y se comenzó a implementar por primera vez en el año 2019. Muchos profesores y alumnos afirman que la nueva versión es más compleja que la anterior y la dificultad del programa varía de un tribunal a otro.

A continuación, se presentan las tres causas fundamentales de la disminución del número de participantes en los exámenes de graduación de la enseñanza secundaria y del bachillerato durante 2019:

(1) Influencia de las nuevas modificaciones del plan de evaluaciones: la introducción del nuevo plan de evaluaciones ha provocado una reducción promedio del 29 % de las inscripciones del chino, el ruso y el italiano. Además, ha aumentado la diferencia entre la cantidad de participantes en los diferentes centros examinadores, por ejemplo, en Pearson Examinations Board el número de candidatos se redujo de 3733 alumnos a 1684, más de la mitad respecto al 2018, mientras que, en el British Qualifications Assessment and Accreditation Consortium se duplicó, aumentando de 710 a 1556.

(2) Competencia de los otros idiomas: las asignaturas de lenguas extranjeras en los centros de enseñanza secundaria tienen horas limitadas, por lo tanto, el aumento de la cantidad de idiomas ofertados disminuye el número de horas de estudio. En 2019, en los centros de educación secundaria, además del francés, el alemán y el español se incrementaron las ofertas de lenguas extranjeras modernas, sobre todo de idiomas relacionados con el lugar de origen de los alumnos, tales como el polaco y el árabe, lo que trajo consigo el aumento del número de estudiantes que participaron en los exámenes de estos idiomas en el bachillerato.

(3) Edad de los estudiantes: los alumnos que iniciaron el *Mandarin Excellence Programme* a edades muy tempranas aún no habían realizado los exámenes de graduación de la enseñanza secundaria, sin embargo, en 2019 al elaborar el presente informe más de 3000 estudiantes ya habían participado en las pruebas para los cursos de séptimo a noveno grado, por lo que se espera que en los próximos años estos estudiantes participen de manera gradual en los exámenes.

A pesar de todos los logros alcanzados, es notable la diferencia entre la cantidad de estudiantes que se presentan al examen de idioma chino para la obtención del certificado de graduación de la enseñanza secundaria y los que eligen los otros tres idiomas europeos, por ejemplo, la cifra de candidatos del chino representa solamente una cuadragésima parte de los del francés, esta es una situación difícil de cambiar a corto plazo.

Los retos que plantea la reforma del plan de evaluaciones no han afectado significativamente los resultados de los estudiantes de secundaria y bachillerato en los exámenes. Cerca del 70 % de los alumnos de secundaria que realizaron los exámenes de idioma chino en la Junta de Exámenes de Pearson obtuvieron calificaciones de A* y A, mientras que, los estudiantes con calificaciones similares en los exámenes de francés no llegaron al 13 %. Los resultados de los exámenes de bachillerato de 2019 muestran que el número de candidatos que obtuvieron A* y A representó el 25,5 % del total, un 1 % menos respecto al 2018. No obstante, en Pearson Examinations Board casi el 36 % de los estudiantes recibieron estas calificaciones, diez puntos porcentuales por encima de la media y similar a los resultados de los exámenes de los tres principales idiomas europeos.

En Escocia, una parte significativa de los estudiantes que participa en los exámenes es de origen chino, no obstante, se debe reconocer que las calificaciones de los exámenes de chino son superiores en comparación con los demás idiomas.

III. Desarrollo del profesorado y los materiales de enseñanza

La formación del profesorado de idioma chino y la elaboración de los materiales didácticos también han desempeñado un papel fundamental en el sistema educativo nacional y su integración institucional.

El Programa de Formación de 1000 profesores en 2010 y la posterior institucionalización del Certificado de Postgrado en Educación Secundaria del Chino (SPCE), marcaron el inicio del proceso de formación del profesorado. A pesar de los altibajos a lo largo del desarrollo de la enseñanza del idioma, el 2019 se ha caracterizado por un desarrollo progresivo, por ejemplo, el *Mandarin Excellence Programme* para la formación de 100 profesores especializados en el idioma, contó con más de 20 inscripciones solamente en el Instituto de Educación de la Universidad de Londres; en la universidad de Oxford, la Universidad Metropolitana de Manchester, Portsmouth, Kingsmill y Bolton se han desarrollado programas para la certificación de profesores especializados exclusivamente en chino o en su combinación con otras lenguas modernas;

además, en algunas universidades también se han incluido programas de preparación de profesorado de chino como idioma comunitario. Los requisitos de admisión y la poca salida profesional han disminuido la tasa de inscripción del profesorado local, por lo que algunas universidades como la Edge Hill han tenido que cerrar sus matrículas.

En Escocia, el gobierno ha financiado la formación del profesorado de chino desde 2007 y, en la actualidad, en las universidades de Aberdeen, Edimburgo y Slaughter existen Programas de Postgrado en Educación Secundaria en Chino.

La mayoría de las juntas examinadoras que ofrecen exámenes de idioma chino en Inglaterra, han desarrollado sus propios materiales para las escuelas secundarias, por ejemplo, el *Progress,* el *Edexcel Chinese* GCSE, y el conjunto de dos volúmenes de *AQA GCSE Chinese* de la editorial Pearson. Aunque no se puede mencionar ningún libro de texto especializado en la preparación para el examen de chino de bachillerato, existen materiales complementarios de ayuda que se publican anualmente en Inglaterra y que han sido diseñados por profesores de idioma chino. Solo en 2019 ya se han publicado casi diez libros, entre los que se destaca, el *Chinese for AS* (Idioma chino para bachillerato).

Escocia, por el contrario, aún no ha desarrollado y estructurado sus propios materiales de enseñanza de idioma chino.

La integración del chino en la enseñanza secundaria del sistema nacional de educación del Reino Unido aún no tiene una gran magnitud, sin embargo, en el bachillerato, ya está iniciando su tercera fase de implementación. En 2019, a pesar de los altibajos, el desarrollo de manera general ha sido estable y se ha consolidado la posición del idioma chino en el sistema de enseñanza de lenguas extranjeras. El éxito del *Mandarin Excellence Programme*, la acumulación de experiencia y la mejora de la calidad de la enseñanza incrementan el número de alumnos que continúan sus estudios de chino. Por lo tanto, para los próximos años, la cantidad de participantes en los exámenes será mayor.

En 2019, más de 300 profesores han sido enviados desde China al Reino Unido a través de los Institutos Confucio y el Programa de Asistentes para la Enseñanza del Idioma Chino del British Council. Además, cientos de profesores voluntarios imparten clases de chino en las escuelas primarias y secundarias a través de los programas regionales y los intercambios educativos. El Reino Unido tiene el mayor número de Institutos y Aulas Confucio de Europa, de los que dependen en gran medida las escuelas públicas debido a la falta de financiación.

(Autores: Zhang Xinsheng, Richmond American University London;

Li Mingfang, Regent´s Univesity London)

Informe sobre el desarrollo de la enseñanza del idioma chino en América

Caso de estudio: Estados Unidos

Estados Unidos mantiene estrechos lazos y amplios intercambios y cooperación con China en todos los ámbitos de la cultura, la educación y la tecnología, por lo cual la enseñanza del chino en Estados Unidos constituye una parte fundamental de la enseñanza del idioma chino a nivel mundial. El informe que se presenta a continuación está conformado por siete acápites en los cuales se analiza la enseñanza del chino en este país:

(1) Tipos de enseñanza del chino en los Estados Unidos.

(2) Trayectoria de desarrollo de la enseñanza del idioma chino en las universidades estadounidenses.

(3) Situación de los Institutos Confucio en los Estados Unidos.

(4) Posición de la enseñanza del chino en los Estados Unidos.

(5) Selección de los materiales de enseñanza del chino.

(6) Directriz del nivel de competencia de una lengua extranjera.

(7) Principales organizaciones de enseñanza del chino en los Estados Unidos.

Las cifras de los gráficos y los ejemplos, utilizados por el autor ayudarán a los lectores a comprender mejor el estado de la enseñanza del chino en Estados Unidos y proporcionarán una base para el estudio de la enseñanza del chino a nivel mundial.

I. Tipos de enseñanza del chino en los Estados Unidos

La enseñanza del chino en Estados Unidos es ampliamente variada y se divide en tres tipos fundamentales: en primer lugar, la enseñanza en las universidades, que recibe la mayor atención, luego en las primarias y las secundarias y por último la enseñanza en las escuelas chinas.

Los tres tipos de enseñanza difieren en cuanto a los destinatarios, los métodos de enseñanza, los objetivos y los materiales utilizados. Por lo tanto, su rendimiento también varía según el tipo de enseñanza.

1. La enseñanza del chino en las universidades de Estados Unidos

En los Estados Unidos muchas universidades exigen que los estudiantes antes de graduarse dominen un idioma extranjero, generalmente al nivel de alcanzar las destrezas del idioma al finalizar dos años de aprendizaje. Los estudiantes antes del inicio del curso deben realizar el examen de nivel organizado por la universidad, y si demuestran el nivel requerido del idioma antes mencionado, no será necesario que cursen la asignatura de Lenguas Extranjeras, en caso contrario deberán seleccionar un idioma extranjero para estudiar.

Por ejemplo, si un estudiante de nuevo ingreso ya ha estudiado chino cuatro años en el bachillerato y luego de realizar el examen de nivel ingresa en la clase de segundo año de Idioma Chino, deberá estudiar chino al menos un año más y aprobar los exámenes para poder graduarse. Si cuando ingresa en la universidad, el estudiante no tiene conocimientos del idioma, deberá comenzar la clase de Idioma Chino desde el nivel inicial y estudiar durante dos años para alcanzar el nivel exigido por la escuela y poder graduarse. Después de los dos años de estudio, el estudiante también puede continuar estudiando el nivel avanzado.

En los Estados Unidos generalmente, los estudiantes universitarios seleccionan el idioma extranjero como asignatura optativa, en el caso del chino, por ejemplo, muy pocos lo estudian como especialidad. Los estudiantes que opten por el grado en Idioma

Chino deberán cursar cuatro años de estudio del idioma y también un número importante de cursos sobre la cultura china.

La característica más importante de la enseñanza del chino en las universidades estadounidenses es que es opcional no obligatoria. Estas clases suelen ser pequeñas con alrededor de 15 alumnos. Tienen una frecuencia de cuatro a cinco días a la semana y una duración de 50 minutos cada día. Los profesores utilizan fundamentalmente los métodos de inmersión, por eso, la lengua de comunicación tanto de los profesores como de los alumnos es el chino. Además, durante la clase, orientan a los estudiantes en la práctica de la comprensión y la expresión oral en chino.

Otra característica de la enseñanza del idioma chino en las universidades estadounidenses es que los estudiantes de origen chino reciben las clases en grupos separados del resto de los alumnos. Las clases diseñadas para estos estudiantes se enfocan en la lectura y la escritura, no tanto en la expresión oral porque estos estudiantes han crecido hablando chino en casa con sus padres. La velocidad de aprendizaje de los caracteres chinos y el nivel de escritura de estos estudiantes duplican las del resto de los alumnos.

2. La enseñanza del chino en las primarias y secundarias de Estados Unidos

Los estudiantes universitarios pueden elegir la lengua extranjera que desean cursar, sin embargo, los alumnos de primaria y secundaria, por lo general no tienen esta posibilidad, porque los centros de estudio según la disponibilidad de profesores, deciden los cursos, la formación de los grupos y si el grupo estudia chino u otras lenguas como español o francés.

En las primarias y secundarias cada clase tiene 30 estudiantes aproximadamente. La falta de libertad para elegir las clases que van a cursar los desmotiva, incrementa su falta de atención y genera problemas de disciplina. Los profesores de chino, en la práctica, tienen que adaptar los planes de estudio, los métodos de enseñanza y simplificar los exámenes, para mantener la motivación de los alumnos por aprender chino.

Otra característica de estos estudiantes es la alta receptividad al lenguaje por su corta edad, especialmente en lo que respecta a la pronunciación, que es muy maleable. Por consiguiente, con la orientación adecuada, los profesores pueden formar estudiantes muy talentosos, con una buena dicción y una base sólida para que en el futuro continúen perfeccionando sus conocimientos de chino en la universidad.

En general, luego de cuatro años de estudio de chino en la secundaria, los estudiantes pueden acceder al segundo año del Curso de Lengua China en la universidad.

3. La enseñanza del chino en las escuelas chinas de Estados Unidos

En la actualidad, aproximadamente cuatro millones de la población en Estados Unidos es de origen chino. Los que ya son padres, desean que sus hijos dominen el idioma chino, y se identifiquen con la cultura china. Por este motivo, todos los fines de semana, los llevan a la escuela china más cercana para que estudien el idioma.

En las escuelas chinas, las edades de los alumnos oscilan entre los 5 y los 15 años. En esta edad les gusta divertirse, no obstante, aunque la mayoría de los estudiantes va a estas escuelas por decisión de sus padres, son muy obedientes, asisten sin falta y, además, son muy estudiosos.

Es importante destacar que tanto las escuelas como los profesores hacen todo lo posible para que las clases de chino sean interesantes y atractivas e intentan mantener a los niños animados mientras aprenden chino y conocen la cultura china. Por ejemplo, organizan juegos en chino, ven películas y programas de televisión chinos, aprenden a cantar canciones, organizan concursos de oratoria y redacción en chino, practican artes marciales y aprenden a jugar al ajedrez chino.

El desarrollo de las actividades de enseñanza y aprendizaje de las escuelas chinas en los Estados Unidos han encontrado una importante fuente de apoyo en las numerosas publicaciones, los materiales didácticos y los videos elaborados por las editoriales chinas.

Cada verano, en muchos de estos centros se organizan viajes para que los alumnos y sus padres recuerden sus raíces y visiten China. En este aspecto, el apoyo de las autoridades chinas ha resultado fundamental para que los niños aprecien la belleza de su país ancestral, sientan la hospitalidad y el cuidado de sus familiares en casa, y cultiven en sus jóvenes mentes la semilla del amor por el idioma y por China.

II. Trayectoria de desarrollo de la enseñanza del idioma chino en las universidades estadounidenses

El número de estudiantes de chino en los Estados Unidos era muy reducido en los primeros años y no se disponen de estadísticas muy precisas. No fue hasta 1960, año en que se comenzó a llevar un seguimiento más estricto de la cantidad de estudiantes universitarios que cursaban la clase de Lenguas Extranjeras. Desde entonces, cada tres o cuatro años, la Asociación de Lenguas Modernas de América (MLA) contabiliza la cifra de estudiantes que toman esta clase en el semestre de otoño en las universidades del país.

La información que se presenta en el siguiente gráfico se ha elaborado a partir de las cifras proporcionada por la Asociación de Lenguas Modernas:

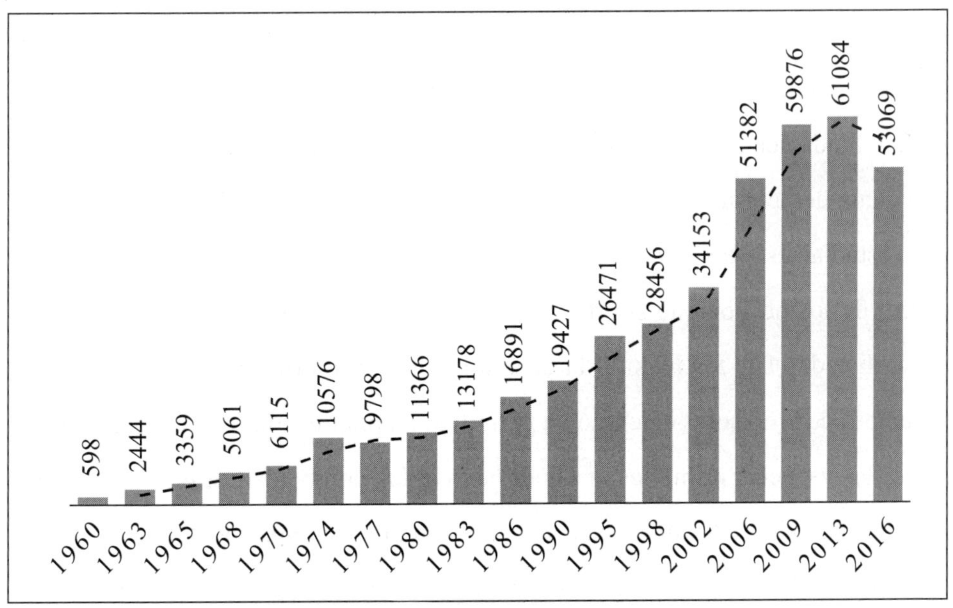

Gráfico 1 Total de estudiantes de chino en las universidades estadounidenses. Semestre de otoño (1960-2016)

El gráfico refleja la tendencia y la evolución del número de estudiantes de idioma chino en los Estados Unidos. La situación de las relaciones entre China y Estados Unidos ha determinado en gran medida el desarrollo progresivo de pequeña a gran escala de la enseñanza del idioma chino en este país.

En 1958, Estados Unidos promulgó la *Ley de Educación para la Defensa Nacional*, que incluía el chino como una de las lenguas clave para la seguridad nacional y animaba a las universidades que estuvieran en condiciones a ofrecer cursos de chino a los estudiantes. En ese momento, la cifra apenas alcanzaba los 600 estudiantes. Posteriormente, con la diplomacia del ping-pong en 1971, la visita de Nixon a China en 1972 y el establecimiento de relaciones diplomáticas entre Estados Unidos y China en 1979, el entusiasmo del público estadounidense por aprender chino aumentó y el número de estudiantes que comenzaron a seleccionar el Curso de Idioma Chino se incrementó considerablemente.

Tras la política de reforma y apertura de China en la década de los 80 del siglo pasado, un gran número de estudiantes chinos fueron a los Estados Unidos a estudiar. Después de completar sus estudios, muchos se quedaron como profesores de chino y aportaron vitalidad a la comunidad de profesores de chino en los Estados Unidos.

El número de estudiantes de chino en este país se ha incrementado a una velocidad acelerada, fundamentalmente tras el despegue de la economía china en el nuevo siglo. La amplia gama de oportunidades de empleo que ofrece dominar el chino ha incentivado a muchos estudiantes estadounidenses a estudiar el idioma.

Otro de los hechos que sin dudas ha tenido un gran impacto en la enseñanza del chino en Estados Unidos ha sido la creación del Instituto Confucio. La llegada de un gran número de profesores de chino ha permitido ampliar el contexto de la enseñanza del idioma a las escuelas primarias, secundarias y a las comunidades, en consecuencia, el número de estudiantes de chino se ha elevado a un nivel sin precedentes.

En el periodo 2009-2013, sin embargo, el crecimiento de alumnos de chino comenzó a ralentizarse y mantuvo una tendencia a la baja entre el 2013 y el 2016. Por el momento no se dispone de la cifra actualizada del total de estudiantes de chino en los Estados

Unidos. La Asociación de Lenguas Modernas, anunció que en otoño de 2021 realizaría un nuevo recuento del número de estudiantes, por lo tanto, aún no se pueden emitir conclusiones sólidas sobre el comportamiento del número de estudiantes durante los últimos años.

A finales de 2020, el autor realizó una encuesta a sus compañeros a través de Wechat para conocer acerca de la situación actual en varias universidades. Luego de resumir y comparar la información proporcionada por los profesores encuestados, se determinaron las siguientes conclusiones:

(1) El número de estudiantes chinos en las universidades estadounidenses ha superado su pico de crecimiento y la ralentización se ha hecho visible desde el 2010.

(2) La cantidad de estudiantes ha disminuido desde 2013 y ha mantenido este descenso después de 2016.

(3) La cifra de estudiantes se mantuvo estable durante el 2019 y el 2020, pero no superó el pico alcanzado en el 2010.

Por ejemplo, en la Universidad de Northwestern en el otoño del 2004, el número de estudiantes chinos era de 195. Desde entonces, esta cifra ha aumentado hasta alcanzar su pico en el 2011 con un total de 368 estudiantes. A partir de ese año, comenzó a disminuir y en 2018 llegó a su punto más bajo con 162 alumnos.

En 2019, la situación dio un giro y el número de estudiantes de chino aumentó a 180 y posteriormente a 222 en el otoño del 2020.

¿Qué factores han frenado y disminuido el incremento del número de estudiantes de chino en Estados Unidos? Las causas fundamentales mencionadas en las entrevistas realizadas a los profesores de diferentes universidades se resumen a continuación:

(1) Saturación del número de estudiantes: los estudiantes que desean, deben y pueden aprender el idioma chino en Estados Unidos, ya lo hacen. Cuando el número de estudiantes alcanza un punto determinado y se estabiliza, el crecimiento se detiene.

(2) Distorsión de la información en los medios de comunicación: una parte de los estadounidenses tiene una concepción errónea de China y se muestran reacios a estudiar el idioma como consecuencia de la propaganda de los medios que resaltan solo

los aspectos más negativos del país y se empeñan en difundir la "teoría de la amenaza china".

(3) Los problemas creados por los políticos: en los Estados Unidos, varios Institutos Confucio se han visto obligados a cerrar sus puertas como resultado de las medidas de muchos políticos que aprovechan los conflictos actuales entre ambos países para justificar sus acciones y campañas contra los Institutos Confucio. La enseñanza del chino en los Estados Unidos se ha visto directamente afectada por el cierre de los Institutos y Aulas Confucio. Los desafíos de este tipo a los que se enfrentan los Institutos Confucio en Estados Unidos se detallan en el siguiente capítulo.

III. Situación de los Institutos Confucio en los Estados Unidos

Desde la creación del primer Instituto Confucio en la Universidad de Maryland en 2004, la cantidad de Institutos se ha incrementado de unos pocos a 107 y numerosas Aulas Confucio en todo el país. La institución ha desarrollado bases sólidas y los frutos de su contribución a la difusión de la educación y la cultura chinas en los Estados Unidos son visibles.

La tabla que se presenta a continuación reúne la información del libro *A study of the dynamics of Chinese language teaching in the United States* (Un estudio sobre la dinámica de la enseñanza del chino en los Estados Unidos), en el cual el autor realiza una encuesta en 14 Institutos Confucio del Medio Oeste de los Estados Unidos.

Tabla 1 Institutos Confucio en el Medio Oeste de EE. UU.

Institutos Confucio	Fecha de creación	Funciones y características principales
Instituto Confucio de la Universidad de Kansas	05/2006	Enseñanza a distancia del chino en las escuelas secundarias, formación de grupos empresariales y desarrollo de actividades culturales

Institutos Confucio	Fecha de creación	Funciones y características principales
Instituto Confucio de la Universidad Estatal de Michigan	05/2006	Enseñanza del chino, fundamentalmente enseñanza en línea, desarrollo de los planes de estudio, formación de profesores y planificación de actividades de intercambio cultural
Instituto Confucio de Chicago	05/2006	Promoción de la enseñanza del chino, elaboración de los planes de estudio, suministro de los materiales didácticos y complementarios, y formación del profesorado en 43 escuelas públicas de primaria y secundaria
Instituto Confucio de la Universidad de Iowa	09/2006	Apertura de cursos, formación del profesorado de chino, ampliación de las áreas de aprendizaje del chino de la comunidad y promoción del entendimiento intercultural
Instituto Confucio de la Universidad de Purdue	05/2007	Clases de Lengua y Cultura Chinas, formación del profesorado, investigación pedagógica, traducciones y otros servicios de consultoría
Instituto Confucio de Denver Community College	09/2007	Enseñanza del chino, organización de experiencias culturales chinas y acercamiento a la comunidad con una serie de actividades comunitarias
Instituto Confucio de Valparaíso	02/2008	Enseñanza del chino, desarrollo del mercado de la enseñanza del chino, organización de festivales de música china e introducción de la música y la cultura chinas
Instituto Confucio de Platteville	04/2008	Apertura de Cursos de Idioma Chino, planificación de prácticas empresariales, seminarios culturales, y certificación del profesorado de chino
Instituto Confucio de Indianápolis	04/2008	Enseñanza del chino, formación del profesorado e intercambios culturales con la comunidad y entre escuelas
Instituto Confucio de la Universidad de Minnesota	09/2008	Desarrollo de la enseñanza del chino y los exámenes de aptitud, organización de actividades culturales y formación del profesorado

Institutos Confucio	Fecha de creación	Funciones y características principales
Instituto Confucio de la Universidad de Webster	02/2009	Proporciona recursos lingüísticos y culturales para promover la educación local y el intercambio cultural con China
Instituto Confucio de la Universidad de Michigan	11/2009	Organización de actividades relacionadas con el arte, talleres, espectáculos, conferencias y exposiciones sobre diversos temas.
Instituto Confucio de la Universidad de Western Michigan	11/2009	Organización de Cursos de Lengua y Cultura Chinas, edición del material didáctico, desarrollo de investigaciones pedagógicas y actividades de intercambio cultural
Instituto Confucio de la Universidad de Chicago	06/2010	Realización de investigaciones sobre la China contemporánea, en particular de la economía contemporánea de China

Los 14 Institutos Confucio del Medio Oeste de los Estados Unidos poseen características distintivas y diferenciadoras, sin embargo, los une el compromiso con la promoción de la enseñanza del idioma y de la cultura chinos desde diferentes perspectivas. Gracias al trabajo de los Institutos Confucio, en los últimos años, un número cada vez mayor de estadounidenses reciben información sobre la cultura china y expresan sus deseos de visitar China y conocerla con sus propios ojos. La cifra de estudiantes que se interesan en aprender chino se incrementa progresivamente. En cada rincón del mundo se han vuelto evidentes los logros del Instituto Confucio en los Estados Unidos.

La drástica disminución del número de Institutos Confucio en este país durante los últimos años, tiene causas ampliamente conocidas por la mayoría. Es admirable que, a pesar de todo, continúen dirigiendo la labor de enseñanza del idioma y la promoción de la cultura china y han recibido el apoyo de numerosos profesores estadounidenses y de la comunidad en sentido general.

IV. Posición de la enseñanza del chino en los Estados Unidos

En los Estados Unidos la enseñanza del chino, al igual que el resto de las lenguas extranjeras, ha estado orientada al apoyo de los estudios regionales o a otras disciplinas especializadas. Por ejemplo, los estudiantes de Literatura China necesitan estudiar el idioma para leer las obras literarias en chino. En consecuencia, los profesores que enseñan Literatura China y otras carreras en muchas universidades alcanzan el nivel de catedráticos con titularidad, mientras que los que enseñan chino solo tienen el estatus de profesores.

El trabajo como profesor de chino es relativamente estable, sin embargo, no hay plazas de carácter permanente. En los departamentos de chino de muchas universidades, los directores a pesar de ser doctores en Enseñanza del Chino, Lingüística y Pedagogía, no son catedráticos.

Las universidades estadounidenses no cuentan con facultades de chino, generalmente existen facultades de Estudios de Asia Oriental, o departamentos de chino dentro de las facultades de Lenguas y Culturas Asiáticas. Estas facultades están lejos de tener el mismo peso que los departamentos de Ingenierías y Ciencias. Su estatus es similar al de los departamentos de Historia y de Religión.

En las universidades de la Ivy League, la posición de los departamentos de chino es similar a la del resto de las universidades. Por ejemplo, en las Universidades de Princeton, el departamento de chino está mucho más consolidado que en la Universidad Northwestern, sin embargo, la posición del chino en ambas universidades es muy similar. El autor conoce sobre este tema por experiencia de trabajo en ambas universidades.

En los últimos años, el peso del departamento de chino en cada uno de los centros de educación ha aumentado como reflejo del rápido desarrollo económico y el notable incremento del estatus internacional de China. El intercambio y la comunicación entre las instituciones de Estados Unidos y las de China son cada vez más frecuentes, por lo que se espera que la importancia del departamento dentro de las universidades continúe en aumento.

V. Selección de los materiales de enseñanza del chino

En los Estados Unidos cada centro educativo establece su Plan de Estudios de Chino y selecciona los materiales de enseñanza de acuerdo con las necesidades reales de los estudiantes y los fines de enseñanza del centro, por lo tanto, no existe un Programa Estandarizado para la Enseñanza del Chino en el país.

Las universidades estadounidenses cada vez más se decantan por la utilización de material didáctico de edición local. El catedrático Li Yu junto a otras personas de la universidad de Emory, elaboraron un informe con los resultados obtenidos de la encuesta aplicada en 170 universidades en los Estados Unidos.

El informe se publicó en 2014 en la revista *Journal of Chinese Language Teaching Research - Chinese Language Teachers Association of America, 49* y dio a conocer acerca de la selección de libros de texto chinos en las universidades estadounidenses. El profesor Li Yu señala que, los libros más utilizados para la enseñanza del chino en los Estados Unidos fueron editados por profesores nativos del país. El libro *Chinese: listening, speaking, reading, writing*, es ampliamente utilizado en los cursos iniciales de chino; en los cursos avanzados el libro más empleado es *All things considered.*

La catedrática Liang Xia, de la Universidad de Washington, en su nuevo libro *Studies in Chinese language education in American universities* señala que, lo más significativo de ambos materiales de enseñanza es la clara definición del público objetivo. Además, considera que los editores de ambos materiales de enseñanza, con una amplia experiencia docente en colegios y universidades estadounidenses, tienen una clara conciencia de la gramática y la cultura comparadas, además, las perspectivas, ideologías y valores reflejados en la redacción de textos y en los temas de debates se asemejan más a los de los estudiantes.

En las universidades estadounidenses, con independencia del material de enseñanza y el curso, los libros normalmente se estructuran de acuerdo con la duración del semestre, el número de horas de clase por semana y las realidades de la vida cotidiana de los estudiantes de ese grado. Por lo tanto, los materiales son muy bien recibidos por los estudiantes gracias a la correspondencia del contenido con las situaciones prácticas de sus vidas y la actualidad.

La selección de los libros queda en manos de los profesores de cada una de las universidades. A continuación, se presenta un resumen de los materiales de enseñanza seleccionados en la Universidad de Northwestern.

Tabla 2 Cursos de Chino de la Universidad Northwestern y materiales de enseñanza seleccionados

Curso	Materiales de enseñanza
Primer año de chino	*Modern Chinese 1A, 1B*
Segundo año de chino	*Modern Chinese 1B, 2A*
Tercer año de chino	*Expression*
Cuarto año de chino	*Crossing cultural boundaries* y *Reading fiction*
Primer curso para estudiantes chinos	*Integrate Chinese: listening, speaking, reading, writing,* nivel inicial uno y dos
Segundo curso para estudiantes chinos	*Integrate Chinese: listening, speaking, reading, writing,* nivel intermedio uno y dos
Tercer curso para estudiantes chinos	*Changing China: Life is marvelous because of you* *China bouquet*
Cuarto curso para estudiantes chinos	*Road to success*, avanzado 1
	Road to success, avanzado 2
Chino de negocios	*New silk road*

En la Universidad Northwestern, de los nueve libros seleccionados, siete son de edición local y solo dos han sido editados en China (*Road to success* de la editorial Beijing Language and Culture University Press y *New silk road* de de la editorial Pekin University Press)

La selección de materiales de enseñanza realizada por la Universidad de Northwestern corrobora los resultados del estudio realizado por el profesor Li Yu en 2014 y del análisis de la profesora Liang Xia en 2020. Los profesores y estudiantes estadounidenses prefieren los materiales de enseñanza de chino de edición local por la adecuación del contenido, el formato, el material audiovisual y también por el servicio de posventa.

VI. Directriz del nivel de competencia de una lengua extranjera

La Directriz del nivel de competencia de una lengua extranjera elaborada por la Asociación de Profesores de Lenguas Extranjeras de los Estados Unidos (ACTFL), es un avance sin precedente en la estandarización de la enseñanza de lenguas extranjeras.

Este documento, describe detalladamente las tareas que los alumnos deben realizar en cada uno de los niveles de aprendizaje de la lengua extranjera, proporcionando de esta manera una guía uniforme para la enseñanza de lenguas extranjeras y permite establecer objetivos y planes. Su aplicación trasciende las diferencias entre los idiomas independientemente de la familia lingüística a la que pertenezcan y de sus niveles de dificultad. Los criterios reflejados en la Directriz ayudan a entender si los objetivos fijados para los cursos en las escuelas son de nivel superior, avanzado o intermedio.

De acuerdo con los objetivos que se pretendan alcanzar, las autoridades escolares llevarán a cabo el proceso de diseño del plan de estudios, la selección de los materiales de enseñanza y la contratación del profesorado.

Por ejemplo, la Fundación de Educación para la Seguridad Nacional de Estados Unidos en su Programa Piloto Chino, exigió a 12 escuelas que emplearan los criterios del nivel superior establecidos en la Directriz, los cuales detallan el conjunto de tareas que los estudiantes de este nivel deben ser capaces de realizar. Ambas partes acordaron tomar los criterios establecidos en la Directriz para realizar la evaluación de los estudiantes una vez concluyeran los cuatro años de estudios de chino. Por consiguiente, el nivel de formación en lenguas extranjeras que el país pretende que alcancen sus estudiantes, los criterios y los objetivos son específicos, detallados y comprensibles para ambas partes.

Por su parte, las escuelas de manera independiente podrán emplear los fondos proporcionados por la Fundación y determinar el programa de estudios, los cursos que impartirán, la cantidad de horas clases, el número de profesores que contratarán y la formación específica de los estudiantes.

En la Directriz se describen las competencias de los examinados en los distintos niveles, desde el nivel sobresaliente hasta el inicial, es decir, las destrezas orales y escritas que poseen según el lugar, momento y situación de comunicación y las que aún no han desarrollado los estudiantes. La Directriz no sigue una teoría, metodología o programa de estudio determinados, sino que es una herramienta estandarizada para evaluar el nivel de las competencias de la lengua extranjera de los examinados.

El dominio de la lengua extranjera de los estudiantes se evalúa en función de cuatro áreas principales: la expresión oral y escrita, la comprensión auditiva y la lectura, lo que se diferencian en cuanto al orden de las cuatro competencias empleadas dentro de China que son escuchar, hablar, leer y escribir. Su objetivo fundamental es diferenciar las capacidades receptivas y expresivas de los alumnos. Dentro de las habilidades expresivas se destacan la expresión oral y la escritura, y como habilidades receptivas la comprensión auditiva y la lectura.

En la Directriz estas cuatro áreas de dominio de la lengua extranjera se dividen en cinco niveles principales y nueve categorías. Por ejemplo, en el área de expresión oral, en orden descendente, el nivel más alto es *Distinguished* (nivel sobresaliente), le sigue el *Superior* (nivel superior), luego el *Advanced* (nivel avanzado), después el *Intermediate* (nivel intermedio) y por último el *Novice* (nivel inicial). Los últimos tres niveles se dividen en alto, medio y bajo.

El gráfico que se muestra a continuación ofrece una representación vertebrada de los niveles de la Directriz.

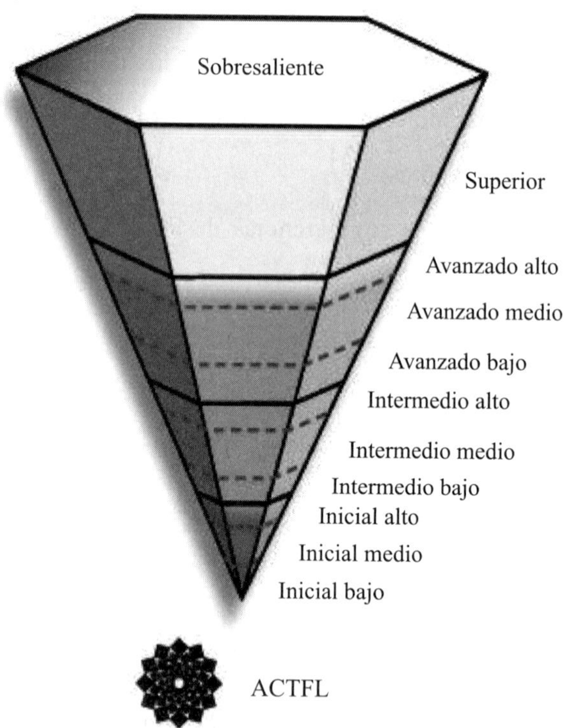

Gráfico 2 TDiagrama de *Directriz de nivel de competencia de una lengua extranjera* elaborada por la Asociación de Profesores de Lenguas Extranjeras de los Estados Unidos

Los conos invertidos representan los diferentes niveles de la lengua extranjera en los que se sitúan los estudiantes examinados. La parte inferior representa el nivel inicial bajo, los nueve subgrupos intermedios representan los niveles de competencia y la parte superior representa el nivel sobresaliente.

El gráfico muestra al lector una visión ascendente del nivel de competencias. En la parte inferior del gráfico se encuentran los candidatos con menos conocimientos del idioma que están en el nivel inicial bajo. En la parte superior, que es la más ancha del gráfico, se localizan los candidatos con más conocimientos que están en el nivel sobresaliente. Mientras más alto es el nivel del candidato, sus habilidades son mayores, su posición en la gráfica es más alta y el volumen que ocupa también es mayor. Sin embargo, a menor nivel del candidato, sus habilidades idiomáticas son limitadas, el volumen que ocupa en el gráfico es menor y la posición es inferior.

Es importante destacar que el gráfico de la Asociación de Profesores de Lenguas Extranjeras de los Estados Unidos (ACTFL) representa la cantidad de conocimientos adquiridos por los candidatos en los diferentes niveles, no el número de estudiantes en cada nivel.

La Directriz, permite que todas las escuelas puedan establecer sus propios objetivos adaptados a su realidad, sin estar limitadas por su clasificación en el sistema educativo ni por la lengua extranjera que enseñen.

El programa de estudios de los departamentos de chino desarrollado por el autor ofrece al lector una idea más clara de la situación. Los objetivos se han establecido de acuerdo con las circunstancias específicas de los estudiantes, después de un año de estudio de chino en los diferentes grados, los estudiantes deberían alcanzar los siguientes niveles:

Tabla 3 El nivel previsto de los estudiantes luego de cursar las clases de chino

Cursos	Nivel de expresión oral	Nivel de escritura	Nivel de comprensión auditiva	Nivel de lectura
Primer año de chino	Inicial alto	Inicial alto	Inicial alto	Inicial alto
Segundo año de chino	Intermedio medio	Intermedio medio	Intermedio medio	Intermedio bajo
Tercer año de chino	Intermedio alto	Intermedio alto	Intermedio alto	Intermedio medio
Cuarto año de chino	De avanzado bajo a avanzado medio	De avanzado bajo a avanzado medio	De avanzado bajo a avanzado medio	De avanzado bajo a avanzado medio
Primer año para estudiantes chinos	Intermedio bajo	De intermedio medio a intermedio alto	Intermedio alto	De intermedio medio a intermedio alto
Segundo año para estudiantes chinos	Avanzado bajo	Intermedio alto a avanzado bajo	Avanzado bajo	Intermedio alto a avanzado bajo
Tercer año para estudiantes chinos	Avanzado medio	De avanzado bajo a avanzado medio	Avanzado medio	De avanzado bajo a avanzado medio
Cuarto año para estudiantes chinos	Avanzado alto	Avanzado alto	Avanzado alto	Avanzado alto

Las necesidades de estudio del chino de los estudiantes de origen chino son completamente diferentes a las del resto de los estudiantes que también estudian el idioma, por lo tanto, las horas requeridas para alcanzar un determinado nivel y las exigencias en la comprensión auditiva, la expresión oral, la escritura y la lectura serán diferenciadas de acuerdo con el tipo de estudiantes.

VII. Principales organizaciones de enseñanza del chino en los Estados Unidos

En los Estados Unidos existen tres organizaciones fundamentales de enseñanza del chino: la Asociación Nacional de Profesores de Chino, la Asociación Nacional de Profesores de Chino para la Enseñanza Primaria y Secundaria y la Asociación Nacional de Escuelas de Chino. Estas organizaciones son independientes y cooperan entre sí.

1. Asociación Nacional de Profesores de Chino

La Asociación Nacional de Profesores de Chino, Chinese Language Teachers Association (CLTA), se fundó en 1962 y cuenta con más de 700 miembros registrados en su mayoría profesores de chino de las universidades de todo Estados Unidos, aunque en los últimos años, también se han incorporado algunos profesores de chino de primaria y secundaria. Tiene como fin promover el desarrollo y las investigaciones de la enseñanza del idioma y la cultura chinos en los Estados Unidos. La elección del presidente se realiza en la reunión anual de la Asociación, en la que, además, se organizan seminarios de enseñanza sobre diferentes temas.

La Asociación cuenta con una revista académica, *Research in Chinese Language Teaching - Journal of the Chinese Language Teachers Association of America*, que publica tres números al año. Los artículos publicados en inglés y en chino, revisados de forma anónima, incluyen fundamentalmente temas relacionados con los últimos avances de la enseñanza y la investigación del idioma chino. La revista se centra en el estudio de la práctica docente y promueve el desarrollo de la enseñanza del idioma chino. Es sin dudas una fuente importante de información para este ámbito en los Estados Unidos.

2. Asociación Nacional de Profesores de Chino para la Enseñanza Primaria y Secundaria

La Asociación Nacional de Profesores de Chino para la Enseñanza Primaria y Secundaria, Chinese Language Association of Secondeary-Elementary Schoools (CLASS), se creó en 1987 para ayudar a las escuelas primarias y secundarias a iniciar y desarrollar Programas de Idioma Chino, redactar un programa de estudios común, establecer normas para las pruebas de competencia, preparar el Curso de Chino AP y formar al profesorado de chino en las escuelas primarias y secundarias. Además, colabora estrechamente con la Asociación Nacional de Profesores de Chino (NCLTA), incluso gran parte de sus integrantes son también miembros de la NCLTA procedentes de escuelas públicas y privadas de todo Estados Unidos y cada año celebran juntos una conferencia.

3. Asociación Nacional de Escuelas de Chino

La Asociación Nacional de Escuelas de Chino, Chinese School Association of the United States (CSAUS), se fundó en 1994, entre sus miembros hay más de 500 escuelas de chino de los 50 estados del territorio estadounidense con una matrícula de más de 100 000 estudiantes y unos 8000 profesores aproximadamente. Su misión es desarrollar la enseñanza extracurricular del chino para los niños de origen chino en los Estados Unidos y promover la identificación de estos estudiantes con la cultura y las tradiciones chinas.

La elección del presidente de la Asociación se realiza en una asamblea general que se celebra cada dos años, en la que, además, se discuten temas relacionados con la dirección del trabajo de la Asociación, se elaboran los planes de acción, se coordinan viajes de los estudiantes a China para descubrir sus raíces y se organizan concursos de oratoria y redacción en chino.

A diferencia de las escuelas primarias, secundarias y las universidades, los colegios chinos solo imparten clases los sábados o domingos, por lo que la mayoría alquila aulas en institutos o universidades. En general, su matrícula está integrada por alumnos de primaria y secundaria, en su mayoría de ascendencia china, y un número reducido de niños adoptados de China.

La Asociación de Escuelas de Chino se creó con el fin de ofrecer oportunidades y un entorno para el aprendizaje del idioma y la herencia cultural china.

De las tres asociaciones mencionadas, la Asociación Nacional de Profesores de Chino (NCLTA) se ocupa principalmente de la enseñanza del chino en las universidades, la Asociación Nacional de Profesores de Chino de Primaria y Secundaria (NACST) se encarga de la enseñanza del chino en las escuelas primarias y secundarias, y la Asociación Nacional de Escuelas Chinas (NCLSA) organiza la enseñanza en las escuelas de chino de fin de semana. Aunque dirigen su trabajo a públicos diferentes, las asociaciones, comparten el mismo propósito y su actividad está estrechamente vinculada.

Por ejemplo, si en las escuelas chinas de fin de semana se cultiva el interés de los estudiantes por aprender chino, las escuelas primarias y secundarias podrán ofrecer más cursos para fortalecer la base del idioma; luego en las universidades, los estudiantes podrán mejorar significativamente sus conocimientos del idioma chino. Por lo tanto, la comunicación y la cooperación entre estas asociaciones es de vital importancia.

El autor del presente informe es profesor de la Universidad de Northwestern y cuenta con una experiencia docente muy variada. Enseñó chino en un instituto público de Chicago durante cuatro años, además, durante ocho años, fue director voluntario en la escuela china de fin de semana donde estudió su hija. Ahora es miembro de las tres asociaciones mencionadas, por lo que posee un amplio conocimiento acerca del trabajo de estas instituciones.

Además de las tres grandes asociaciones mencionadas, también existen otras asociaciones especializadas estatales y regionales, como la Asociación de Profesores de Chino de California, la Asociación para la Enseñanza de la Caligrafía y la Asociación para la Enseñanza del Chino en los Negocios. Estas asociaciones tienen un objetivo muy claro: mejorar el nivel del profesorado y promover el desarrollo de la enseñanza del chino. En sus reuniones anuales eligen al presidente, y organizan diferentes concursos en chino como los de oratoria.

En los Estados Unidos, durante los últimos años, el tipo de enseñanza, el número de estudiantes, el estatus académico, la selección de los materiales docentes, las normas de evaluación y la estructura organizativa de la enseñanza del chino han evolucionado de manera acelerada.

Es preciso destacar la importancia de la ayuda de China en el desarrollo de la enseñanza del idioma en los Estados Unidos desde los inicios hasta la actualidad. Con la ayuda de las instituciones implicadas en China, la enseñanza del idioma chino en los Estados Unidos experimentará un desarrollo aún mayor en el futuro.

(Autor: Gu Licheng, Northwestern University)

Revisión de la enseñanza del chino en Francia durante el año 2019

En el año 2019 Francia y República Popular China celebraron el 55° aniversario de sus relaciones diplomáticas. Este año ha sido muy relevante en la historia de la diplomacia de ambos pueblos y en la evolución de la enseñanza del chino en Francia.

Durante los últimos 15 años, el número de personas que aprenden chino en Francia ha aumentado considerablemente, y la tendencia de crecimiento se ha mantenido a lo largo del 2019. Datos recientes reflejan que más de 100 000 personas han estudiado chino en el país. Francia, además, tiene la cifra más alta de participantes en el examen oficial de chino (HSK) de toda Europa.

El presente informe examina primero la enseñanza del chino en los diferentes niveles del sistema educativo en Francia durante el año 2019 y luego se resumen acontecimientos importantes para el desarrollo de la enseñanza del chino en otros campos.

I. Enseñanza del chino por niveles educativos en Francia

1. Enseñanza del chino en la escuela primaria

En todo el país, durante el 2019, el número de alumnos de primaria que estudiaban chino había superado los 6000. En la actualidad, se ofrecen clases de chino en 70 escuelas primarias[1]. Estas escuelas se clasifican en tres tipos: las escuelas primarias en Francia, las escuelas francesas en el extranjero y las escuelas primarias internacionales.

1 Asociación Francesa de Profesores de Chino. Estadísticas del Mapa de la enseñanza del chino. Recuperado de: https://www.afpc.asso.fr/Carte-du-Chinois [2020-07-28].

En Francia, generalmente los alumnos comienzan a aprender una lengua extranjera en el curso preparatorio de la escuela primaria. Algunos niños tienen la suerte de tener profesores de chino en la guardería y pueden comunicarse en chino desde pequeños. Por ejemplo, en el jardín de infancia franco-chino de París y en el hogar infantil Montessori.

Hace algún tiempo, por lo general la mayoría de los alumnos se decantaban por el estudio del inglés, sin embargo, en la actualidad se aprecia una tendencia progresiva al estudio del chino por parte de los niños.

En la enseñanza de lenguas extranjeras, los profesores de primaria se esfuerzan por despertar el interés hacia el idioma en los niños. Además de aprender el inglés, cada vez más alumnos de primaria aprenden idioma chino como segunda lengua extranjera.

Desde el 2002, Francia cuenta con un Programa de Estudios para la Enseñanza del Chino en las Escuelas Primarias, elaborado por el Ministerio de Educación.

Además, existen un total de 15 escuelas primarias con grupos internacionales, en las cuales están matriculados niños chinos y franceses. Los estudiantes van a la escuela juntos, juegan, se comunican, se apoyan en el aprendizaje del lenguaje y progresan juntos. En estas escuelas los estudiantes tienen tres horas de chino a la semana.

En ese contexto, los niños franceses pueden mejorar rápidamente sus competencias de chino y los estudiantes chinos tardan menos tiempo en adaptarse al sistema educativo francés.

2. Enseñanza del chino en la escuela secundaria

Francia, sin dudas, ha desempeñado un papel pionero en la promoción de la enseñanza del chino en las escuelas secundarias. Los primeros cursos de chino en las escuelas secundarias se abrieron en 1958 en París con la iniciativa de sinólogos, antes del establecimiento de las relaciones diplomáticas con China.

El profesor Bellassen fue inspector general del idioma chino en el Ministerio de Educación durante diez años, del 2006 al 2016. Su énfasis en la promoción de la enseñanza del chino en la escuela secundaria y sus esfuerzos por construir un programa de enseñanza completa y constante formación de docentes, han sido siempre reconocidos como una de las principales características de la enseñanza del chino en Francia.

Comparado con otros países europeos, sus métodos son reconocidos como elementos distintivos de la enseñanza del chino en Europa. Se puede afirmar que, en cada rincón del país existe un lugar donde se puede aprender chino, desde Francia continental hasta Córcega, en las provincias y los territorios de ultramar, así como los Institutos Confucio que se han establecido gracias a la cooperación chino-francesa. La orientación del Ministerio de Educación francés y los esfuerzos de los profesores locales de chino y los profesores enviados desde China han sido fundamentales en el logro de los resultados alcanzados.

En 2019, en toda Francia, se han sumado 51 centros de secundaria al total de escuelas existentes donde se imparten clases de chino. De esta manera, el número total de centros de enseñanza (incluidos secundaria y bachillerato) con cursos de chino en Francia ascendió a 1079, quintuplicando la cantidad de 2005. A esta cifra se suman las 40 escuelas francesas de secundaria y los 28 grupos internacionales en el extranjero.

Las estadísticas más recientes muestran que, de los 334 institutos que ofrecen chino[1], en 304 se imparte como segunda lengua extranjera.

En los institutos franceses, la enseñanza del chino tiene buenos índices de continuidad, el 68% de los alumnos que han empezado a aprender chino en la secundaria pueden continuar el aprendizaje del idioma en el bachillerato[2]. Los estudios del inspector general Bellassen reflejan que, la mitad de los alumnos que estudian chino, lo estudian como su segunda lengua extranjera.

En cuanto a los bachilleratos, en toda Francia, el 60% ofrecen cursos de chino como tercera lengua extranjera. De estas escuelas, casi la mitad (50%), además de ofrecer cursos de chino como tercera lengua, también ofrecen el chino como segunda lengua[3].

1 Oficina Nacional de Información sobre Educación y Ocupaciones (ONISEP). Recuperado de: http://www.onisep.fr/Choisir-mes-etudes/College/Classes-du-college/Etudier-les-langues-au-college/La-carte-des-principales-langues-vivantes-etrangeres-enseignees-pres-de-chez-vous [2020-07-28].

2 Revista universitaria *l'Etudiant*. Recuperado de: https://www.letudiant.fr/etudes/annuaire-des-lycees/langue-chinois/page-25.html [2020-07-28].

3 Joël Bellassen (2016). *Informe general sobre la enseñanza del chino como lengua extranjera* p.1.

En los últimos años, el idioma chino tiene cada vez más importancia y acogida por parte de los padres y estudiantes, y se han registrado más de 30 escuelas secundarias que han establecido el chino como la primera lengua extranjera.

En 14 centros de bachillerato, el estatus del idioma chino se ha diversificado, por ejemplo, en un mismo centro los alumnos pueden elegir el chino como primera, segunda o tercera lengua extranjera. No obstante, según la normativa del Ministerio de Educación, el chino siempre ha ocupado un lugar relevante en las clases internacionales y en las de idioma oriental.

De acuerdo con la normativa mencionada, en estos grupos, durante la semana los alumnos tienen entre tres y cinco horas de clases de Chino, además, deben cursar otras asignaturas como Literatura, Matemáticas, Historia y Geografía que también son impartidas en chino por profesores enviados desde China. Al graduarse, en el diploma que reciben los estudiantes se especifica si son graduados de la "Clase Internacional" o la "Clase de Idioma Oriental"[1]. El profundo intercambio tecnológico y cultural entre ambos países y el avance de la amistad entre los dos pueblos ha favorecido que, en la actualidad, en los centros de formación técnica profesional, cada vez más estudiantes se muestran interesados en el aprendizaje del chino por las posibilidades futuras de empleo que ofrece el dominio del idioma. En los centros de formación profesional de hostelería y turismo, y en las escuelas de artes aplicadas se han introducido cursos de chino para suplir las necesidades del mercado laboral[2].

En los últimos años, el próspero desarrollo de la enseñanza del chino en Francia ha incrementado la contratación de profesorado. La situación refleja que, la mayor parte de los profesores locales no poseen grado en enseñanza o pedagogía, ni tienen un estatus permanente, por lo tanto, requieren una formación inmediata para la enseñanza del chino[3]. Por otra parte, los profesores que vienen de China necesitan una formación para

---

1 Secciones de lenguas europeas u orientales en los institutos. Recuperado de: https://www.education.gouv.fr/les-sections-internationales-au-lycee-2606 [2020-07-28].

2 Encuesta en curso de la Asociación Francesa para la Enseñanza del Chino.

3 Las características y el estatus de los miembros de la Asociación Francesa para la Enseñanza del Chino demuestran explícitamente esta tendencia.

estar más adaptados a las filosofías y metodologías locales sobre la enseñanza.

Debido a estas necesidades inminentes, en el verano de 2019, la Asociación Francesa de Profesores de Chino en cooperación con la Universidad del Noroeste de Xi'an de China, organizó por primera vez el Curso de Formación del Profesorado Local, que tuvo una duración de tres semanas. El evento tuvo mucho éxito y consiguió reconocimientos del Ministerio de Educación y de los profesores.

El Ministerio de Educación, además organiza concursos anuales de profesores chinos de forma muy selectiva para garantizar la estabilidad y competencias en la enseñanza, lo cual es clave para la calidad de la enseñanza del chino. En 2019, hubo muchos participantes en el concurso, de los 161 que realizaron el examen, solo aceptaron 19[1]. Además, 51 profesores se inscribieron en el examen nacional de certificación de profesor universitario, de la cifra total, 39 se presentaron al examen final[2]. Este examen es obligatorio para la promoción en las universidades.

Todos estos hechos demuestran que desde el Ministerio de Educación se está haciendo un trabajo muy serio para el control de calidad de los profesores chinos, lo que constituye un avance en la formación de profesorado.

La modernidad y la era digital de los datos masivos también ha llegado a la enseñanza del chino en Francia. Los medios informan que, en el centro de Francia, en un instituto cercano a Tours, por primera vez una profesora de chino dio clases presenciales a sus alumnos y de manera simultánea a través de videoconferencias compartió las clases de chino con los estudiantes de una escuela secundaria de un pequeño pueblo rural[3].

3. Enseñanza del chino en la educación superior

Según una encuesta y las estadísticas de la Asociación Francesa de Profesores de Chino, en el país hay 25 000 estudiantes universitarios que aprenden chino en la

---

1 Ministerio de Educación de Francia. Recuperado de: https://www.devenirenseignant.gouv.fr/cid141810/donnees-statistiques-capes-2019.html [2020-07-30].

2 Ministerio de Educación de Francia. Recuperado de: https://www.devenirenseignant.gouv.fr/cid143407/donnees-statistiques-agregation-2019.html [2020-07-30].

3 Clases de chino en un colegio rural por videoconferencia. Recuperado de: https://www.franceinter.fr/emissions/le-zoom-de-la-redaction/le-zoom-de-la-redaction-26-fevrier-2019 [2020-07-30].

enseñanza superior y los cursos de chino se ofrecen en 52 universidades. En 36 centros de educación superior hay departamentos de chino o se ofrecen cursos de chino dentro de los planes de estudio de la carrera y en 27 universidades se imparten cursos de chino abiertos para todos los estudiantes de la universidad. Entre los cursos especializados se destacan: Lenguas Extranjeras Aplicadas, Lenguas Extranjeras, Literatura y Cultura.

En los últimos años, un mayor número de estudiantes se han matriculado en los cursos de chino del Departamento de Lenguas Extranjeras Aplicadas. Actualmente, a los más de 18 000 estudiantes que cursan estudios de chino en las universidades francesas, se suman más de 7000 alumnos que han pasado dos años preparando el Diploma de Técnico Superior, Brevet de Technicien Supérieur (BTS) y las Clases Preparatorias de la Escuela Superior, Classe Preparatoire aux Grandes Écoles (CPGE).

En conclusión, durante el 2019, en varios centros de enseñanza superior especializados y academias también se han abierto nuevos cursos de chino. Por ejemplo, la Universidad de Orleans se ha creado un nuevo Departamento de Chino Aplicado.

La Constitución francesa establece que todo profesor universitario tiene libertad de cátedra, por este motivo, la enseñanza del chino en las universidades se ha caracterizado por la ausencia de un programa de estudios uniforme.

El problema al que se enfrentan las universidades en la actualidad es la falta de conexión de la enseñanza del chino entre los departamentos universitarios y las escuelas secundarias. Es prácticamente inevitable que los departamentos universitarios tengan que adaptarse a una nueva realidad que supone el incremento progresivo de los alumnos de chino en las escuelas secundarias.

El 8 de junio de 2019, en la Facultad de Lenguas y Culturas Orientales, la Asociación Francesa de Profesores de Chino, organizó el examen de chino HSK para la región de París y celebró la segunda edición de la gran "Feria Universitaria de China".

En la feria participaron más de diez universidades prestigiosas de China: la Universidad de Tsinghua, la Universidad de Pekín, la Universidad Normal de Pekín, la Universidad de Ciencia y Tecnología de Pekín, la Universidad Jiao Tong de Shanghai, la Universidad Normal del Noreste, la Universidad del Noreste, la Universidad de

Economía y Derecho de Zhongnan, la Universidad Normal de China Central, la Universidad de Ciencia y Tecnología Electrónica de Xi'an, la Universidad de Shenzhen, la Universidad de Tongji y el Programa Internacional de Prácticas de Innovación para Jóvenes HSK. En la feria, cada universidad tuvo un espacio exclusivo para demostrar sus logros y los avances de las universidades chinas. La acogida por parte del público francés fue excelente y el recinto ferial estuvo lleno de público durante todo el día.

La enseñanza del chino en Francia, además, se ha desarrollado en diversos ámbitos.

II. Acontecimientos importantes para el desarrollo de la enseñanza del chino en 2019

1. Las tres Conferencias sobre la Investigación de la Enseñanza del Chino

La Asociación Francesa de Profesores de Chino, de manera independiente ha organizado o colaborado en la organización de varios simposios sobre las investigaciones relacionadas con la enseñanza del chino. Por ejemplo, la conferencia anual más reciente en 2019 incluyó un seminario titulado *Literatura China y Enseñanza del Idioma Chino*. El seminario fue presidido por Yin Wenying, supervisora de enseñanza de Burdeos del Ministerio de Educación de Francia y contó con las intervenciones del profesor Bellassen y Jin Siyan, catedrática de la Universidad de Artois y directora del Instituto Confucio. Además, la Asociación invitó a los escritores chinos, Shen Fuyu y Shucai[1], a realizar una ponencia plenaria, y también a los famosos sinólogos y traductores franceses Noël Dutrait, profesor emérito de la Universidad de Aix-Marsella, y Brigitte Guilbaud, inspectora de enseñanza del chino del Ministerio de Educación en París, para que compartieran sus experiencias y resultados con los miembros de la Asociación. La conferencia mantuvo un enfoque académico en el que los profesores de chino plantearon cuestiones de gran importancia que requieren una investigación y análisis más profundos

---

1 *Boletín de la Asociación Francesa de Profesores de Chino* (2019.01). La Lettre de l'AFPC, *135*. Recuperado de: https://www.falanxi360.com/index.php?s= /noticias/show/id/3343 [2020-07-30].

en el futuro.

La Asociación Europea para la Enseñanza del Chino (EACHL), los días 12 y 13 de abril de 2019, celebró en Dublín su segunda Conferencia de Enseñanza Internacional del Idioma Chino, cuyo tema fue "Aspectos regionales e internacionales de la construcción de una disciplina de enseñanza del chino como segunda lengua". La conferencia tuvo un gran éxito y contó con la asistencia de más de 200 expertos y profesores de chino de más de 20 países europeos[1].

Del 27 al 29 de junio de 2019, la catedrática Jin Shiyan de la Universidad de Artois y del Instituto Confucio de la propia universidad organizó una conferencia internacional cuyo tema fue "Unidad o dualidad: la naturaleza del chino y sus opciones críticas para la enseñanza" y al mismo tiempo fue el XII Curso de Formación del Instituto Confucio Europeo para Profesores de China y Profesores Locales. La conferencia contó con las participaciones del profesor Bellassen, Zhang Xinsheng, de la Universidad de Londres, Zhang Hong, de la Universidad de Roma, Grâce Poizat, del Instituto Confucio de la Universidad de Ginebra, Yin Wenying, supervisora de la enseñanza del chino del distrito escolar de Burdeos del Ministerio de Educación francés. La conferencia fue muy inspiradora para todo el profesorado de chino presente, además constituye una gran ayuda para mejorar de manera concreta y eficaz la capacidad y nivel de enseñanza del chino en el futuro.

2. Nuevos avances de los Institutos Confucio en Francia

A lo largo del año 2019, en Francia se han creado tres nuevos Institutos Confucio asociados con la ciudad Pau, en el suroeste de Francia, la Escuela Superior de Comercio de París y la Universidad de Orleans. Hasta finales del mismo año, hay un total de 17 Institutos Confucio en cooperación con instituciones chinas[2], que se clasifican en dos tipos: los que forman parte de la estructura universitaria y los que constituyen

1 *European Times* (2019.05.01). Euro-Chinese Conference International Seminar Dublin. Recuperado de: http://www.oushinet.com/wap/qj/qjnews/20190501/320144 [2020-07-30].
Profesores europeos de chino Recuperado de: http://www.ouhanhui.eu/?p=874&lang=zh [2020-07-30].

2 Instituto Confucio de Francia. Recuperado de: http://www.confucius-clermont-auvergne.org

legalmente una sociedad civil. Los Institutos Confucio desde sus inicios han mantenido una excelente relación con todos los sectores y las personas. Entre los estudiantes de los Institutos Confucio, se encuentran alumnos, profesores, funcionarios, empresarios, hombres de negocios, médicos, marinos y jubilados.

Los Institutos Confucio son una ventana a la China pluricultural y contribuyen a fortalecer las relaciones de amistad entre los pueblos de Francia y China. Además de su tarea principal de enseñanza del idioma, organizan una amplia gama de actividades culturales, como semanas de cine chino, exposiciones de la cultura tradicional de china, conferencias académicas, conciertos, seminarios, exámenes de nivel del chino, cursos de caligrafía, de gastronomía y de Taichi entre otros. Estas actividades progresivamente han ganado un mayor número de participantes.

Las características de cada uno de los institutos pueden ser variadas: algunos son muy culturales, otros se inclinan hacia el mundo económico o comercial. El Instituto Confucio, es una institución no lucrativa, cuya finalidad fundamental es promover la enseñanza del chino, organizar los exámenes de nivel, presentar a las universidades chinas, asesorar la solicitud de las becas nacionales chinas y ofrecer orientación a los estudiantes que desean estudiar en China.

El intercambio cultural entre China y Francia resultó muy próspero durante el 2019. Los institutos Confucio organizaron el segundo Concurso de Traducción de Literatura China, en el que los participantes tradujeron novelas cortas de cinco autores chinos: Mo Yan, Chen Lijiao, Qin Delong, Dora y Ling Dingnian[1].

En otoño, con la invitación de los Institutos Confucio, el famoso dibujante chino Li Kunwu vino a Francia y realizó exposiciones de sus obras en los Institutos Confucio de Rennes y de Clermont-Ferrand, además de varias conferencias que tuvieron muy buena acogida por parte del público y los estudiantes franceses[2].

---

1 Instituto Confucio de Francia. *Ocho personas ganaron el premio*. Recuperado de: https://www.institutconfucius.fr/fr/culture/concours-de-traduction [2020-07-30].

2 Instituto Confucio de Rennes. *Li Kunwu, encuentro y exposición*. Recuperado de: https://www.confucius-bretagne.org/project/li-kunwu-23-11-2019/ [2020-07-30].

Instituto Confucio Clermont-Ferrand (2020). Recuperado de: https://www.rendezvous-carnetdevoyage.com/2019/10/

En la primera semana de octubre, el Instituto Confucio de La Rochelle, organizó la Semana del Cine Chino que contó con la participación del escritor y director chino Dai Sijie, quien presentó la película *Bazak y el sastre chino*. El evento atrajo muchos espectadores de La Rochelle y cada día la sala estaba completa, sobre todo de un gran número de estudiantes universitarios de idioma chino, que no se perdían ni una sola sesión.

A finales de 2019, durante la Conferencia Internacional sobre la Enseñanza del Idioma Chino celebrada en Changsha, ciudad de la provincia Hunan de China, los directores chinos y franceses de los Institutos Confucio de Francia y numerosos expertos de chino de prestigio internacional fueron testigos de la creación de la Fundación Internacional de Enseñanza del Chino, un hito en la reforma de la enseñanza internacional del idioma chino que ha venido implementando Hanban durante todos estos años.

3. Megafestivales de los caracteres chinos

En octubre de 2019, durante cinco días, se celebró la segunda edición del Festival de Caracteres Chinos en París, organizado por el Ministerio de Educación y la asociación de profesores del chino. El evento contó con una serie de actividades sobre la cultura y los caracteres chinos tales como: exposiciones, conferencias, experiencias culturales e intercambios[1].

La información presentada refleja que, el 2019 ha sido un año de importantes cambios para el desarrollo de la enseñanza del chino en Francia. La digitalización de la enseñanza y los nuevos retos de la globalización han marcado la calidad y el volumen de la enseñanza. No obstante, todavía queda mucho trabajo por hacer.

En el ámbito de las investigaciones en sinología y enseñanza del chino, será fundamental potenciar los intercambios académicos y reforzar la cooperación entre el profesorado chino y el profesorado local de chino.

Además, habrá que considerar la ampliación de los proyectos de colaboración con

institut- confucio/10/institut-confucius/ [2020-07-30].

1 *Boletín de la Asociación Francesa de Profesores de Chino* (2019-10). La Lettre de l'AFPC, 144. Octubre de 2019

universidades chinas líderes en la enseñanza del idioma, tales como, la Universidad Normal de Beijing y la Universidad de Lengua y Cultura de Beijing.

Será muy provechoso la organización sistemática de cursos de formación de corta duración para profesores de chino y de seminarios internacionales sobre la enseñanza del chino.

Hasta el momento la enseñanza del chino en Francia ha alcanzado importantes logros, sin embargo, los retos que depara esta nueva era serán numerosos. Confiamos en que, con la colaboración de las universidades chinas, la enseñanza del chino en Francia avanzará mucho más.

(Autor: Haibo, profesora titular de la Universidad de La Rochelle, directora francesa del Instituto Confucio de La Rochelle, vicepresidente de la Asociación para la Enseñanza del Chino)

Referencias bibliográficas:

Bellassen, Joël (2016), Le chinois, langue émergente–Etat de l'enseignement du chinois en 2015–2016 (El chino como lengua emergente, estado de la enseñanza del chino en 2015–2016).

IV Informe especializado

Investigaciones sobre el aprendizaje de idiomas y la adquisición de la segunda lengua

La cognición es el proceso y la actividad que genera la disposición mental en el cerebro y el sistema nervioso y el lenguaje es el núcleo fundamental de la cognición. La ciencia cognitiva, que se comenzó a desarrollar en los Estados Unidos en la década de los 70 del siglo XX, actualmente, cuenta con seis disciplinas de apoyo reconocidas internacionalmente: la filosofía, la lingüística, la psicología, la antropología, la informática y la neurociencia (Cai Shushan, 2020).

La lingüística cognitiva es una parte importante de la investigación científica cognitiva e involucra muchas disciplinas relacionadas entre sí tales como: la lingüística, la psicología cognitiva, la ciencia informática y la neurociencia cognitiva, además, posee las características interdisciplinarias de las artes liberales y las ciencias.

La adquisición de la segunda lengua es un campo de investigación independiente que estudia el proceso y el mecanismo de adquisición del lenguaje de los estudiantes. La cognición del lenguaje es interdisciplinaria y está formada por tres perspectivas cognitivas diferentes: la teoría de procesabilidad, la perspectiva conexionista y la perspectiva de la neurociencia cognitiva, que constituyen la base para el debate y el estudio de la adquisición, el conocimiento y los mecanismos neuronales cerebrales de las personas bilingües, multilingües y que estudian un segundo idioma.

1. Procesabilidad durante el proceso de adquisición del segundo idioma

De acuerdo con la teoría de la procesabilidad, la capacidad lingüística de los estudiantes incluye el conocimiento declarativo y el conocimiento procedimental. La adquisición es un proceso que ocurre de manera automática en el que se transforma el conocimiento declarativo en conocimiento procedimental. Es decir, los estudiantes durante el proceso de aprendizaje o práctica del idioma logran una transformación del procesamiento controlado consciente al procesamiento automático inconsciente.

En los últimos años, la introducción de la teoría de la procesabilidad ha generado un cambio cognitivo en el paradigma de la investigación sobre la adquisición del idioma chino como segunda lengua. Este cambio ha revolucionado la perspectiva de las investigaciones sobre la adquisición de los hábitos de comportamiento verbal en el marco de la teoría conductista del aprendizaje. Las investigaciones sobre la adquisición del idioma chino ya no se ocupan exclusivamente del análisis de los cambios en el comportamiento del lenguaje de los estudiantes, también se encargan de profundizar en el estudio de los mecanismos internos de procesamiento cognitivo (Wang Jianqin, 2020).

Wei Yanjun (2017) se fundamentó en la teoría de la procesabilidad para analizar la presencia, el déficit y el consumo de recursos de atención, además, examinó los mecanismos de procesabilidad en fragmentos de la competencia de expresión oral del idioma chino como segunda lengua. Los resultados demostraron que la representación sintáctica de las frases de los estudiantes de chino se realizaba de forma controlada a través de un proceso de combinación de múltiples elementos donde se empleaba el conocimiento declarativo que exigía una mayor atención por parte de los alumnos. Por lo tanto, para los estudiantes de chino como segunda lengua, no era posible lograr un procesamiento en fragmentos igual al de los hablantes nativos.

El entrenamiento repetitivo facilita que los estudiantes consuman cada vez menos recursos de atención en la representación sintáctica y pasen gradualmente al conocimiento procedimental para realizar la combinación de palabras dentro de las frases.

Hu Weijie y Wang Jianqin (2017) se centraron en la exploración de los predictores de la capacidad de expresión oral de la segunda lengua. El estudio seleccionó dos indicadores de fluidez cognitiva: el tiempo de reacción de procesamiento de frases y el consumo de la transferencia de atención, y dos indicadores de fluidez expresiva: velocidad del habla y la longitud promedio del flujo del habla. Se utilizó el método de análisis de regresión jerárquica para examinar los efectos predictivos de los dos tipos de indicadores sobre las destrezas orales. Los resultados evidenciaron que la fluidez cognitiva en el lenguaje hablado es eficaz para mejorar el poder predictivo de la capacidad de hablar una segunda lengua y tiene una mayor contribución predictiva que la fluidez expresiva.

2. Perspectiva conexionista de la adquisición del segundo idioma

La representación distribuida del conocimiento y el procesamiento paralelo son las ideas fundamentales de la teoría conexionista. En este contexto, las investigaciones sobre la adquisición del idioma se centran en el procesamiento cognitivo del cerebro humano distribuido por medio de las redes neuronales artificiales y exploran los mecanismos de la representación del conocimiento del lenguaje y el procesamiento paralelo en los estudiantes bilingües o los que están en proceso de adquisición de un segundo idioma. Los estudios desarrollados en este ámbito son de gran utilidad para las investigaciones del aprendizaje automático y la inteligencia artificial.

En el marco de la nueva teoría cognitiva, se han realizado numerosos estudios de simulación tanto a nivel nacional como internacional:

En el campo de las investigaciones sobre la adquisición del segundo idioma, Wang Jianqin (2005) combinó el modelo de autoorganización estándar con el modelo de atenuación para representar el desarrollo de la conciencia de los estudiantes extranjeros durante la formación de los caracteres chinos, además, exploró los mecanismos de adquisición del conocimiento de los hablantes bilingües de chino al estudiar los caracteres.

Li et al. (2007) investigadores en el ámbito del aprendizaje de vocabulario de los niños, fueron pioneros en la simulación de la irrupción verbal en la infancia. En su estudio, utilizaron una red neuronal artificial de autoorganización para simular la adquisición de vocabulario por parte de los niños durante el aprendizaje no supervisado, posteriormente esta misma red fue empleada para simular la adquisición de vocabulario en niños bilingües.

El uso de redes neuronales artificiales también ha tenido múltiples aplicaciones en ámbito de la investigación de simulación cognitiva, por ejemplo, la simulación de la adquisición fonológica del chino por parte de los estudiantes extranjeros. Esta área de investigación se centra fundamentalmente en desarrollar un modelo simulado a través del cual se analizan las dificultades y los mecanismos de adquisición de la fonética china y los tonos por parte de los estudiantes extranjeros.

Chen Mo (2011) utilizó un modelo de árbol de crecimiento para simular la adquisición de los tonos de las palabras en chino y Lu Ji (2011) empleó un modelo de autoorganización modificado para simular el proceso de adquisición y el mecanismo de compensación de las categorías de los tonos. Los estudios mencionados, complementaron los resultados de las investigaciones experimentales del comportamiento llevadas a cabo hasta ese momento, además, resultaron muy útiles para explorar el procesamiento en línea y los complejos procesos de adquisición que desarrollan los estudiantes.

3. La neurociencia cognitiva en la adquisición del segundo idioma

La investigación en la neurociencia es una de las disciplinas más novedosas del siglo XXI. China está en proceso de crear y poner en marcha el proyecto "Cerebro de China" con el lema "Un cuerpo y dos alas", en el que el cuerpo constituye la base fundamental para entender el proceso cognitivo humano, objetivo universal de la neurociencia y las dos alas son la aplicación para el diagnóstico y la intervención de las enfermedades cerebrales, y el desarrollo de la neurociencia computacional (Poo et al., 2016).

El lenguaje es el principal marcador que distingue a los seres humanos de los animales, y la capacidad lingüística es la función más avanzada del cerebro humano, por lo tanto, el estudio de la adquisición del lenguaje desde la perspectiva de la neurociencia cognitiva es un tema de vanguardia en la investigación de la neurociencia, además, constituye un fundamento sólido para la investigación y el desarrollo de tecnologías de inteligencia artificial (Chen Lin, 2017).

La integración coherente de la investigación sobre la adquisición de idiomas y la neurociencia cognitiva es clave en el estudio de la adquisición del segundo idioma, el bilingüismo y el multilingüismo. La neurociencia cognitiva será la próxima frontera en la investigación sobre la adquisición de idiomas.

En el año 2005, La revista *Science* señaló que identificar el periodo crítico de adquisición del lenguaje era aún uno de los 125 problemas científicos sin resolver a nivel mundial. El uso de las herramientas tecnológicas de la neurociencia permite revelar los mecanismos neuronales cognitivos del periodo crítico de la adquisición del idioma, por consiguiente, "rompe el cuello de botella" en la investigación de la adquisición del lenguaje y supera los problemas teóricos más importantes de los estudios pioneros a nivel internacional.

El modo en que los elementos morfológicos, fonológicos y semánticos de las unidades léxicas se representan y aprenden por el cerebro humano, es otro de los procesos que atrae la atención de los especialistas en este campo. La adquisición sintáctica implica la disección y construcción de los componentes de la oración y las estructuras jerárquicas. Estudiar la manera en que el cerebro humano analiza e integra la información semántica, sintáctica y pragmática de las palabras en las frases, permitirá conocer la naturaleza de la adquisición del lenguaje humano y facilitará el desarrollo del procesamiento del lenguaje natural a través del ordenador.

Las investigaciones acerca del procesamiento del segundo idioma y del cambio de idiomas, ampliarán las posibilidades de profundizar en la comprensión de las interacciones neuronales que intervienen en el procesamiento del lenguaje y las funciones ejecutivas. Los especialistas han propuesto la hipótesis de la asimilación y la acomodación para explicar la interacción entre los mecanismos cerebrales durante el procesamiento del segundo idioma y la lengua materna.

La combinación entre la adquisición del segundo idioma y la neurociencia cognitiva abre nuevas áreas de investigación y amplía los horizontes del estudio de la adquisición de idiomas.

En la última década, el desarrollo de las investigaciones acerca de la adquisición del idioma chino como segunda lengua ha experimentado un giro de la lingüística estructuralista a los estudios cognitivos. Por lo tanto, el estudio de la adquisición del chino como segunda lengua no se limita exclusivamente a la descripción de las estructuras lingüísticas y al análisis de los errores cometidos por los alumnos, el campo de la cognición del lenguaje también será una perspectiva recurrente en investigaciones futuras.

Los estudios actuales sobre la adquisición del idioma chino se centran fundamentalmente en las teorías del procesamiento de la información, sin embargo, la aparición de las nuevas teorías cognitivas ha ampliado las perspectivas teóricas y las áreas de investigación de la adquisición del idioma chino como segunda lengua, por ejemplo, las teorías del conexionismo y del emergentismo, así como la neurociencia cognitiva (Wang Jianqin, 2020).

La introducción de nuevas teorías interdisciplinarias, la ampliación sistemática del horizonte teórico y del campo de la investigación, el cambio progresivo del enfoque centrado en las estructuras al enfoque fundamentado en la cognición, permitirán un mejor aprovechamiento de la perspectiva cognitiva en las investigaciones sobre la adquisición del idioma chino como segunda lengua. Es primordial reforzar y profundizar en la búsqueda de referencias metodológicas de investigación, como dice el refrán chino: "para hacer un buen trabajo, lo primero que tiene que hacer un artesano es afilar sus herramientas". Por lo tanto, mejorar la metodología de investigación tendrá una influencia positiva en la calidad de los estudios en este campo y permitirá que se equiparen con las investigaciones sobre la adquisición del segundo idioma desarrolladas a nivel mundial.

Por último, la investigación sobre la adquisición del idioma chino como lengua extranjera, debería centrarse en estudios interdisciplinarios y transdisciplinarios, como la neurociencia cognitiva y la neurolingüística. La interdisciplinariedad fomenta los préstamos teóricos y la modernización de los métodos y herramientas de investigación. Los avances en el campo de la neurociencia cognitiva repercuten de manera favorable en el desarrollo de las investigaciones sobre la adquisición del idioma chino como segunda lengua fundamentada en la perspectiva cognitiva del lenguaje (Wang Jianqin, 2020).

(Wang Jianqin, Universidad de Lengua y Cultura de Beijing)

Referencias bibliográficas: /

[1] Cai, Shushan. (2020). On the status and role of language in human cognition. *Journal of Peking University: Philosophy and Social Science Edition, (1),* 138-149.

[2] Chen, Lin. (2017). Las tres piedras angulares de la ciencia cognitiva. *Fundación Científica de China, (3)*, 209-210.

[3] Chen, Mo. (2011). Una simulación del desarrollo cognitivo del chino como segunda lengua en tonos vocales. *Revista de la Universidad de Tsinghua: Edición de Ciencias Naturales, (9)*, 1201-1204.

[4] Hu, Weijie y Wang, Jianqin. (2017). El papel predictivo de la fluidez cognitiva en el habla de una segunda lengua sobre la capacidad de hablar. *World Chinese Language Teaching, (1)*, 105-115.

[5] Lu, Ji. (2011). *A simulation study of Thai learners' acquisition process of Chinese tone categories*. Tesis doctoral. Beijing Language and Culture University.

[6] Wang, Jianqin. (2005). A simulation study of foreign students' development of Chinese character construction awareness: a model of Chinese character acquisition based on a self-organizing feature mapping network. *Language and Writing Applications, (4).*

[7] Wang, Jianqin, ed. (2020). *Research on Second Language Acquisition Based on Cognitive Perspective*. Beijing: The Commercial Press.

[8] Wei,Yanjun. (2017). *Grouped processing of multi-word phrases for Chinese learners*. Tesis doctoral. Beijing Language and Culture University.

[9] Li, P., Zhao, X., y MacWhinney, B. (2007). Dynamic self-organization and early lexical development in children. *Cognitive Science, 31*, 581-612.

[10] Poo, M. M., Du, J. L., Ip, N., Xiong, Z. Q., Xu, B., & Tan, T. (2016). China brain project: Basic neuroscience, brain diseases, and brain-inspired computing. *Neuron, 92(3)*, 591-596.